Kurt-Jürgen Maaß (Hg.) · Zur Freiheit bestimmt

Kurt-Jürgen Maaß (Hg.)

Zur Freiheit bestimmt

Alexander von Humboldt – eine hebräische Lebensbeschreibung

von Chaim Selig Slonimski (1810-1904)

aus dem Hebräischen
von Orna Carmel

Mit einem Beitrag über

Alexander von Humboldt und die Juden

von Peter Honigmann

1997

BOUVIER VERLAG · BONN

ISBN 3-416-02730-2

Inhalt

Vorwort des Herausgebers

Es gibt noch Überraschungen in der Humboldt-Forschung: Hier ist eine.
Vor 140 Jahren machte der Berliner Mathematik-Professor Chaim Selig
Slonimski ein seltenes Geschenk: Er schrieb ein kleines Buch über das
Leben von Alexander von Humboldt und widmete es dem großen Natur-
forscher und Gelehrten zu seinem 88. Geburtstag. Humboldt war hoch-
erfreut, doch konnte er das Werk nicht lesen – es war in Hebräisch ge-
schrieben. 1874 und 1885 erschienen in Warschau eine zweite und dritte
Auflage. Ins Deutsche übersetzt wurde es nicht.

Dies erstaunt umso mehr, als Slonimski eine außerordentlich liebe-
volle, detailreiche und präzise Darstellung des Lebens gelingt, die viel-
fältigen Reise- und Forschungspläne schildert, die Erfolge, die Gründe
für manches Scheitern, die unbeirrbare Beharrlichkeit, die weitreichen-
de Vision eines Mannes, der wie kaum ein anderer das naturwissenschaftliche Denken und Forschen des 19. Jahrhunderts beeinflußt hat.

Das Werk Slonimskis ist noch aus einem anderen Grund von besonderer Bedeutung: Es war zugleich ein Dank an Alexander von Humboldt
für sein konsequentes und kompromißloses lebenslanges Eintreten für
die Rechte und Freiheiten der Juden. Von ihm stammt, aus Band 1 des
Kosmos, der berühmte Satz:

> „Indem wir die Einheit des Menschengeschlechts behaupten, wider-
> streben wir auch jeder unerfreulichen Annahme von höheren und nie-
> deren Menschenrassen. Es gibt bildsamere, höher gebildete, durch
> geistige Kultur veredelte, aber keine edleren Volksstämme. Alle sind
> gleichmäßig zur Freiheit bestimmt ..."

Humboldts Ansehen in Berlin, sein Einfluß auf die preußischen Könige,
seine klare und unmißverständliche Sprache haben zu seinen Lebzeiten
vieles bewirken und einiges verändern können.

Orna Carmel, eine junge Abiturientin aus Haifa (übrigens eine Toch-
ter des Humboldtianers Alex Carmel) hat eine sehr schöne Übersetzung
gemacht und – wie mir mehrere Leser des hebräischen Manuskripts be-
stätigt haben – den Ton des Originalwerkes erspürt und weitergegeben.
Wie schwierig dies war, beschreibt sie selbst in ihrem Vorwort. Ihr,
Alex Carmel und auch Ingo Schwarz von der Alexander-von-Humboldt-

Forschungsstelle in Berlin, der das Manuskript noch einmal sorgfältig nach Namen und Orten überarbeitet hat, gilt ein herzlicher Dank. Ingo Schwarz hat darüber hinaus für den Anhang ein Namensverzeichnis erstellt, das die Lektüre erleichtert.

Der historische Kontext der „Biographischen Skizze" von Slonimski wird erst richtig deutlich durch eine wissenschaftliche Beschreibung des Verhältnisses von Alexander von Humboldt zu den Juden. Diese hat vor bereits 10 Jahren Peter Honigmann geleistet. Er hat spontan zugestimmt, daß sein Beitrag (leicht gekürzt) in diesen Band mit aufgenommen wird. Dafür gilt auch ihm mein herzlicher Dank.

Schließlich möchte ich noch Simone Wilck danken, einer jungen Lehramtskandidatin, die soeben eine überaus bemerkenswerte und gründlich recherchierte Examensarbeit über „Alexander von Humboldt und die Juden" an der Universität Erlangen-Nürnberg verfaßt hat. Aus dieser Arbeit ist das Literaturverzeichnis zusammengestellt.

Ich hoffe, daß der geneigte Leser an diesem Buch, das eine gemeinhin weitgehend unbekannte Facette des Lebens Alexander von Humboldts deutlich macht, genauso viel Freude haben wird wie die Alexander von Humboldt-Stiftung, die sich bemüht, auch diesem Erbe ihres Namenspatrons gerecht zu werden.

Bonn-Bad Godesberg, im Juni 1997   Kurt-Jürgen Maaß

Vorwort der Übersetzerin

Die vorliegende Übersetzung ist ein Versuch, die Mitte des 19. Jahrhunderts noch auf alt-hebräisch verfaßte Biographie Alexander von Humboldts wörtlich und möglichst stilgerecht ins Deutsche zu übertragen, um den damaligen Zeitgeist des Originals zu bewahren.

Die mit einer solchen Übersetzung verbundene Problematik läßt sich an zwei Beispielen deutlich machen: In der Bibel und den anderen alt-hebräischen Schriften, denn nur diese kannte und benutzte der Verfasser, existierte der Begriff „Universität" noch nicht. Herauszufinden, daß mit einem „Weisenhaus" eigentlich eine Universität gemeint wird, ist freilich sowohl für den Übersetzer als auch für den Leser mit einer gewissen Mühe verbunden. Solche unumgänglichen Sprachanwendungen kommen des öfteren vor. Ich habe sie absichtlich nicht verändert.

Ferner unterscheidet sich das hebräische Alphabet, das überdies vom Verfasser noch mit der jiddischen Schreibweise vermischt wurde, nicht unwesentlich vom deutschen. Slonimskis *Krokodil* kann man in der hebräisch-jiddischen Schreibweise genau so gut als „Qricudal" lesen. Diese ebenfalls sehr häufige (aber nicht immer mögliche) Entzifferungsarbeit habe ich allerdings auf mich genommen und nicht der Phantasie des Lesers überlassen.

Der zweite Teil von Slonimskis Werk wurde nicht ins Deutsche übertragen. Er war ein Versuch, Alexander von Humboldts *Kosmos* zu interpretieren, und ist heute nur noch wissenschaftsgeschichtlich von Interesse.

Schließlich habe ich auch nicht den Versuch unternommen, einige fragwürdige Feststellungen des Verfassers zu überprüfen bzw. zu korrigieren, was mir auch nicht zusteht.

Der Reiz dieses Werkes liegt eben in seiner liebenswürdigen Naivität.

Ich möchte mich bei Georg (Haribo) Halter und bei Arni Jan Vetter sehr herzlich bedanken. Mit viel Mühe und Geduld haben sie meine Übersetzung „salonfähig" gemacht.

Haifa, im November 1996   Orna Carmel

9

Alexander von Humboldt –
eine hebräische Lebensbeschreibung

von S. Slonimski

An den Leser

Die Geschichte dieses großen Mannes hängt zusammen mit der Geschichte der Entwicklung von Weisheiten und Wissenschaften, die sich in den letzten 70 Jahren sehr verbreitet haben. Alle seine Taten und Handlungen, die er sein Leben lang getrieben hat, stehen in enger Verbindung mit den neuen Wissenschaften. Und gäbe es denn einen Mann, der an die Türe der Weisheit klopfte, um die großartigen Dinge, welche uns die letzten Tage hervorgebracht haben, zu sehen, und dessen Lippen keinen Ruhm für diesen großen Forscher ausdrücken würden?

Deshalb fand es mein Herz vernünftig, auch unserem wissensdurstigen Volk in unserer alten Sprache die Geschichte dieses teuren Mannes weiterzuerzählen, um das Interesse für die prachtvollen Neuigkeiten zu wecken, die sich über Land und Meer in letzter Zeit sehr verbreitet haben. Hiermit soll Ihnen bewiesen werden wie anstrengend und mühsam es die Forscher ihr ganzes Leben lang haben, um die Weisheiten und Wahrheiten herauszufinden, und schließlich auch um einen weisen Mann zu ehren, der nicht nur sehr klug ist, sondern auch an der rechten Seite des israelitischen Volkes stand und immer gut und richtig von ihnen vor allen Völkern und Nationen geredet hat. Und jedermann aus dem Volke Israel, der sein Volk liebt, wird seinen Mund mit Dank und Ruhm erfüllen für den lieben, weisen Mann, dessen Name und Wahrheit verewigt bleiben.

Berlin, September 1857   S. Slonimski

Verehrtester Herr Slonimski!

Ich bin tief in Ihrer Schuld durch so lange Verzögerung des Dankes für die Ehre, die Ew. Wohlgeboren mir so wohlwollend bereitet haben. Die unruhige Lage, in der ich lebe, in einer politisch und gesellschaftlich so bewegten Zeit, kann mich kaum rechtfertigen. Eine Empfehlung von zwei berühmten, mir so theuern Freunden wie *Bessel* und *Jacobi* läßt einen dauernden Eindruck. Der hebräischen Literatur leider entfremdet, aber von früher Jugend an mit den edelsten Ihrer Glaubensgenossen innigst verbunden, ein lebhafter und ausdauernder Verfechter der Ihnen gebührenden und so vielfach noch immer entzogenen Rechte, bin ich nicht gleichgültig für die Ehre, die Sie mir erwiesen haben. Das Zeugnis eines tiefen orientalischen Sprachkenners, des vortrefflichen, so mannigfach ausgebildeten *Dr. Michael Sachs* kann eine solche Auszeichnung nur erhöhen. Es ist für den biographisch Belobten fast eine Beruhigung, der Ursache nicht mächtig zu sein. Ich werde vom Dienstag an einige Wochen wieder in Berlin wohnen, und vom Dienstag an wird jeden Tag zwischen 1 und 2 Uhr es mir eine Freude sein, Herrn *Slonimski*, falls er nicht schon nach Warschau zurückgekehrt ist, in Berlin zu empfangen und Ihnen den Ausdruck der innigsten Hochachtung mündlich zu erneuern, die Ihren schönen frühern wissenschaftlichen Bestrebungen gebührt.

Ew. Wohlgeboren gehorsamster

Alexander v. Humboldt

*[Brief von Alexander von Humboldt an
Chaim Selig Slonimski, (Potsdam, 12.9.1857?)]*

14

Wie der Himmel von der Erde entfernt liegt, so liegen auch die heutigen Menschen und ihre Gedanken von den Gedanken der Urmenschen weit entfernt. Und so wie der Westen weit vom Osten liegt, sind auch die neuen Wissenschaften weit von den alten entfernt.

Es gibt keine Grenzen mehr für all die Neuigkeiten, die auf dem Feld der Weisheit wachsen. Es gibt keine Grenzen mehr für die vielen Handlungen der Menschen, die überall auf Erden in allen Sprachen und Völkern verbreitet sind. Die Menschheit hat alle Zeit- und Raumgrenzen überschritten und alle Dinge auf Erden unter die Kontrolle des Verstandes gebracht. Alle Versuche und Prüfungen, die sich während Generationen angesammelt haben, und die Herzen der Menschen, die immer weiter forschen wollen und alles zu verstehen versuchen, wissen nicht, daß je mehr man forscht, desto unklarer alles wird. Deswegen haben die heutigen Forscher Unmengen an unerforschtem Material zu bearbeiten. Der größte Gelehrte dieser Generation – Alexander von Humboldt – ist derjenige, der allen Wissenschaftlern den richtigen Weg zur Weisheit zeigte.

Dieser erhabene Mann, der in seiner Liebe zur Wissenschaft der Welt und der Natur sein Land und seine Familie verlassen mußte, um zu einem Nomaden zu werden. Er hat sein Leben gewagt, um die Wege, die Meere, die fernen Länder in Amerika und Ostasien, die Länder der Verbannung, die Wüsten, den Orinoco- und Wolgafluß und hohe Berge, die noch nie vorher bestiegen wurden, zu bereisen. Er sammelte viele verschiedene Erfahrungen, und durch sein einmaliges Talent, die Dinge anders anzuschauen und eine Verbindung zwischen Ursache und Wirkung herzustellen, konnte er den anderen Forschern zu neuen Perspektiven verhelfen und ihnen den Weg ebnen. Von Humboldt hat auch vieles selber erforscht: *Geognosie, Hydrographie, Klimatologie, Erdmagnetismus,* er hat viele Wachtürme aufgestellt, die Sitten und Handlungen der Indianer in Amerika untersucht, antike Inschriften auf Steinen und in Ruinen überall auf der Welt gesammelt, um verschiedene Kulturen zu verstehen.

Aber sein bedeutender Einfallsreichtum zeigt sich in seinen vielen Büchern, wo er Neuigkeiten und Geheimnisse für die Naturwissenschaftler veröffentlichte, wie auch für die Herzen der Menschen, die voller Bewunderung für Gottes Schöpfung sind, und dabei Humboldts Namen achten und respektieren.

Sein Vater, Alexander Georg von der Humboldt Familie, war Kommandant in der *Finkensteinarmee*. Nach dem 30jährigen Krieg wurde er Adjutant, vom Herzog Ferdinand von Braunschweig unterstützt. Als die Kämpfe zu Ende gingen und in Deutschland wieder Frieden herrschte, wurde er Kammerherr am Hof Friedrich des Großen. Da heiratete er eine *Freifrau* aus der Colomb Familie, die ihm zwei Söhne schenkte: Der erste war Karl Wilhelm, am 22. Juni 1767 in Potsdam geboren, und der jüngere Friedrich Heinrich Alexander, am 14. September 1769 in Berlin geboren. Diese Söhne sind die zwei Weisen, deren Namen später überall bekannt werden sollten.

Und so wurden die beiden Jungen am Hof und im Schloß ihres Vaters großgezogen. Das Schloß Tegel kaufte der Vater vom Preußenkönig, es liegt an der Havel zwischen Berlin und Spandau. Dort lernten sie bei bekannten Gelehrten und Künstlern, die ihnen viel Wissen vermittelten. Nachdem sie das Grundwissen erhalten hatten, zogen sie nach Berlin – die Stadt in der die Weisheit ruht –, um dort eine höhere Ausbildung zu genießen.

Nach der Ansicht seiner Lehrer besaß Karl größeres Talent als sein jüngerer Bruder Alexander; es ging so weit, daß die Eltern sich darüber Gedanken machten, ob es letzterem überhaupt gelänge, ein Gelehrter zu werden. Aber auf der anderen Seite gab sich Alexander sehr viel Mühe und leistete schwere Arbeit, um es seinem älterem Bruder gleichzutun. Wegen seiner Anstrengungen blieb er mager und klein. Schon in ihren früheren Jahren wußten die beiden, wo ihre Interessen und Begabungen lagen. Wilhelm neigte zu alten Sprachen und hatte eine Vorliebe für die neuen Pracht- und Glanzgefühle, die Goethe und Schiller vermittelten. Alexander hingegen neigte zu den Forschungen der Wahrheit, der Wunder der Natur und ihrem Ursprung.

Im Jahre 1786 kamen die Jungen nach Frankfurt (an der Oder) – die Stadt der Weisheit –, wo sich ihre Ausbildungswege schieden. Wilhelm studierte Jurisprudenz, während der jüngere, Alexander, die Richtung der Kameralwissenschaft einschlug. Zwei Jahre später gingen sie nach Göttingen – eine Stadt, die durch ihre klugen Wissenschaftler bekannt wurde. Dort trafen sie Heyne, Blumenbach, Eichhorn und Georg Forster. Letzterer hinterließ bei Alexander einen tiefen Eindruck, da dieser an Kapitän Cooks zweiter Weltreise beteiligt gewesen war.

Durch Forster gewann Alexander seine innere Leidenschaft für Expeditionen und Reisen. 1789 beendeten beide Brüder ihre Studienzeit. Karl Wilhelm wurde Staatsmann und ging mit seinem ersten Lehrer, Campe, nach Paris – die Stadt der Neuigkeiten Europas. Alexander erweiterte seine Studien in Richtung Naturwissenschaft, und gleichzeitig korrespondierte er weiter mit Forster. Dadurch erwachte sein Fernweh erst richtig. Auch Werner, ein großer Gelehrter, spezialisiert auf Geologie, half, Alexanders Interessen wachzuhalten.

Seine erste wissenschaftliche Reise unternahm Alexander 1790 mit seinem Intimus Forster zum Rhein. Dann fuhren sie nach Holland und England, um dort Erfahrung und Wissen zu sammeln. Später veröffentlichte Forster die verarbeiteten Neuigkeiten von dieser Reise in seinem Buch: „Ansichten vom Niederrhein." Humboldt veröffentlichte dann auch ein Buch – sein erstes –: „Mineralogische Beobachtungen über einige Basalte am Rhein".

1790 wurde Wilhelm Referendar beim Kammergericht in Berlin. Alexander von Humboldt entschloß sich, Mineraloge im Staatsdienst zu werden. Er spezialisierte sich außerdem auf dem Gebiet des Bergbaus. Zuerst ging er nach Hamburg, um Handelswissenschaften bei Büsch und Ebeling zu studieren, dann ging er nach Freiberg (in Sachsen), wo er bei dem Wissenschaftler Werner an der Bergakademie seine Studien abschloß.

1792 war er einer der besten Bergbauwissenschaftler in Berlin und zog nach Bayreuth, um dort im Staatsdienst als Oberbergmeister beim Aufbau des Bergwesens zu dienen.

Auch seine Arbeit hinderte ihn nicht daran, sich weiterzuentwickeln, zu forschen, Experimente durchzuführen und die Resultate in den Bergbauzeitschriften von Moll, Hoffmann, Crell und Poggendorff zu veröffentlichen. Er schrieb sogar ein Buch über die Natur der Pflanzen in der Umgebung von Freiberg. Den Schwerpunkt des Buches bildeten die Pilze: Wasseraufnahme, Nahrung, Farbe und ihre anziehenden Duftstoffe. Trotz allem vernachlässigte er seine Arbeit nicht und wurde vom Staat ins Rheinland, nach Preußen und Polen geschickt. Aber auch das stillte seinen Forschungsdurst noch nicht, da der Ort zu eng für seine Forschungen und Untersuchungen war. Sein immer wiederkehrendes Fernweh trieb ihn wieder fort. Er berichtet darüber:

„Ich hatte von meiner ersten Jugend an eine brennende Begierde emp-
funden, in entfernte, von Europäern wenig besuchte Länder zu reisen.
Diese Begierde charakterisiert einen Zeitpunkt unseres Lebens, in
welchem uns dieses wie ein Horizont ohne Grenzen erscheint, wo
nichts größeren Reiz für uns hat als die starken Bewegungen unserer
Seele und das Bild physischer Gefahren."

Dementsprechend verließ er seine Arbeit als Bergbeamter und ging nach
Wien, um sich dort in Botanik weiterzubilden. Dort traf er den weisen
Geologen Freiesleben (wieder), und die beiden beschlossen, zusammen
über die Schweiz nach Neapel und Sizilien weiterzureisen, um dort die
Eigenschaften des Landes und die Vulkane zu erforschen. Als sie in
Norditalien angelangten, wurde der Krieg im Süden so gefährlich, daß
niemandem mehr die Durchreise erlaubt wurde.

Damals wurde der *Galvanismus*, die Lehre Galvanis über die Naturkräfte, sehr berühmt, da die Wissenschaftler deren riesige Vorteile er-
kannten. Auch Humboldt faszinierte diese Entdeckung und regte ihn an,
sie weiter zu erforschen. Die Resultate seiner Untersuchungen veröffentlichte er in seinem Buch: *„Versuche über die gereizte Muskel- und
Nervenfaser"*.

Als Humboldt 1796 die Länder Westindiens bereisen wollte, erreichte
ihn die traurige Nachricht vom Hinscheiden seiner Mutter. Er ging nach
Jena zu seinem Bruder Wilhelm, mit dem er zusammen um die Mutter
trauerte.

Im Haus seines Bruders traf er verschiedene Berühmtheiten wie
Schiller, Goethe, Fichte, Woltmann und Hufeland. Er fühlte sich sehr
wohl in ihrer Gesellschaft während der Zeit, die er dort verbrachte.

Der gute Eindruck war gegenseitig, so schreibt Goethe an Schiller:

„Mit Humboldt vergehen mir die Tage auf sehr vergnügte und amü-
sante Weise, und auch neue Inspirationen erhielt ich durch ihn für
meine neue Arbeit über die Natur, welche ins Stocken geraten war."

Nicht einmal in dieser schönen Zeit ließ sich Alexander von seinen Reiseplänen abbringen. Noch wollte er sein Wissen in Anatomie vervoll-
kommnen, so ging er täglich als Schüler zum weisen Gelehrten Loder
und arbeitete fünf bis sechs Stunden am Tag im anatomischen Theater.

Als Alexander mit seinem Bruder über seine späteren Reisepläne re-
dete, bekam auch Wilhelm plötzlich Fernweh. Da beschlossen sie, zu-

sammen nach Italien zu reisen, von wo aus Alexander weiter über Spanien nach Amerika gehen sollte. Vor der Reise wollten sie noch das Erbe verteilen und fuhren deswegen nach Berlin und dann nach Dresden, weil die Familie sich dort versammelte. Dort verkaufte Humboldt sein geerbtes Gut an den weisen Kleist, damit er seine geplante Reise bezahlen konnte. Den Rest seiner Habe deponierte er bei seinem ersten Lehrer (Gottlob Johann Christian) Kunth, der auch Wilhelms Angelegenheiten verwaltete. Die zwei Brüder waren bereits abgereist.

Im Oktober 1797 ging Humboldt mit seinem Bruder nach Wien, um von dort nach Italien weiterzureisen.

Als sie in Wien angekommen waren, brach ein Krieg zwischen Österreich und Frankreich aus, der ihre Pläne zunichte machte. Sie erfuhren, daß auch ihr geliebter Goethe, der ebenfalls nach Italien wollte, in der Schweiz steckengeblieben war. So blieben sie in der Schweiz, bis der Frieden zwischen den beiden Parteien wieder hergestellt war. Wilhelm eilte nach Paris, und Alexander blieb mit dem weisen Leopold von Buch in Salzburg, um den Ursprung und die Eigenschaften der Salzburger Alpen und die Steiermark zu erkunden. Sie sammelten viele Erfahrungen und viel Wissen über dieses Land.

Meldeboten überbrachten die Nachricht, daß zwei Schiffsexpeditionen mit einer Gruppe von Gelehrten im Auftrag des französischen Staates geplant seien, um die südliche Halbkugel zu erforschen. Als Humboldt diese Nachricht hörte, eilte er zu seinem Bruder nach Paris, um an dieser Forschungsreise teilzunehmen. Unter den Naturwissenschaftlern befanden sich die weisen Michaux und Bonpland. Humboldt fragte die beiden, ob er mitkommen dürfte, und sie empfingen ihn mit offenen Armen. Humboldt bereitete sich auf die Reise vor: Er lernte die arabische Sprache, informierte sich über die Zusammensetzung der Luft bei dem Gelehrten Gay-Lussac (später veröffentlichte er diese Untersuchungen in seinem Buch „über die unterirdischen Gasarten").

Aber seine hoffnungsvolle Freude über die geplante Reise dauerte nicht lange, da ein großer Krieg zwischen Frankreich, Deutschland und Italien ausbrach. Die Reiselust des Forschers blieb wieder einmal unbefriedigt.

Humboldts Hoffnung, zu einer anderen Forschungsexpedition von Frankreich aus (nach Ägypten) in See zu stechen, erfüllte sich nicht, denn es kam die Nachricht, daß Admiral Nelson die französische Flotte bei Abukir vernichtet hatte, so daß die Verbindung in die alten Länder über Alexandria aufgehoben war.

All diese Wechselfälle des Schicksals entmutigten Humboldt nicht, da einzig Fernweh in seinem Herzen war. Er besprach sich mit dem Gesandten des schwedischen Königs, Konsul Skjöldebrand, der von Paris nach Marseille unterwegs war, um dort ein schwedisches Schiff zu erwarten, das ihn nach Algier in Afrika bringen sollte.

Der Konsul war einverstanden, Humboldt und seinen Freund Bonpland mitzunehmen, die beabsichtigten, sich dann einer Karawane von Ismaeliten durch Afrika nach Mekka anzuschließen und über den Persischen Golf nach Ostindien zu gehen.

Humboldt verabschiedete sich von seinem Bruder und der ganzen Familie und reiste im Oktober 1798 mit seinem Freund Bonpland über Paris nach Marseille. Dort warteten sie vergeblich auf das Schiff aus Schweden; erst Monate später traf die Nachricht ein, daß das Schiff im Hafen von Portugal an einem stürmischen Tag beschädigt worden war, so daß die Besatzung den ganzen Winter dort bleiben mußte, um es zu reparieren.

Humboldt sah, daß auch diesmal sein Traum nicht verwirklicht wurde, und beschloß, sich nach Madrid zu begeben.

Anfang 1799 reiste Bonpland mit Humboldt nach Spanien bis Madrid, wobei sie auf dem Weg noch verschiedene Untersuchungen und Experimente durchführten. Bonpland sammelte verschiedene Arten von Pflanzen, die einzig in Spanien vorkommen. Humboldt bestimmte die geographische Länge und Breite aller Orte mit geeignetem Meßgerät, das er speziell für die Reise angeschafft hatte. Er lokalisierte die Orte auf der Karte und ermittelte mit seinem Barometer die Höhe des Landes über der Meereshöhe.

Mit der Ankunft in Madrid erfüllte sich endlich ihr Wunsch, denn durch die Bemühungen des sächsischen Gesandten (Baron von Forell) legte der Minister de Urquijo beim König (Karl IV.) ein gutes Wort für sie ein, worauf dieser sie in seinen Palast einlud und so beindruckt war, daß er ihnen die Genehmigung erteilte, alle der spanischen Krone angehörigen Länder in Westindien zu erforschen. Außerdem stellte er ihnen die Dienste der dortigen Beamten, wann immer sie ihrer bedürfen würden, zur Verfügung.

Jetzt war der Moment gekommen, auf den Humboldt jahrelang gewartet hatte. Sein Traum wurde Wirklichkeit, denn das spanische Königshaus unterstützt mit Recht die großen Forscher, welche die Geheimnisse und unerforschten Seiten Amerikas zum Nutzen aller entdekken würden, ebenso wie die Krone den großen Columbus unterstützt hatte, der zum ersten Mal das weite Meer überquerte und Amerika für die Europäer entdeckte. Und so beeilten sich die beiden, alles schnell zu erledigen, und reisten durch Alt-Kastilien, León und Galizien nach La Coruña, wo sie ein Schiff, das nach Amerika gehen würde, erwartete.

Als sie in La Coruña ankamen, war der Hafen wegen des Krieges zwischen Spanien und England von den Engländern belagert. Nur ein Schiff namens *Pizarro*, das nach Havanna in Amerika segeln sollte, schaffte es, sich bei Nacht und Nebel, unbemerkt von den englischen Kriegsschiffen, durch den Belagerungsring zu stehlen.

Am 5. Juni 1799 trug ein kräftiger Ostwind das Schiff vom Lande fort, so daß sie am Abend schon auf offener See waren; nur der Feuerschein einer Fischerhütte war in der Ferne noch zu sehen.

Humboldt war außer sich vor Freude und Erregung, wie er von sich selber berichtet:

„Diese Eindrücke verwischen sich nie wieder aus dem Gedächnis! Wie viele Erinnerungen erweckt in der Einbildung ein leuchtender Punkt, der mitten im Dunkel der Nacht abwechselnd über den bewegten Fluten erscheint und die Küste des Geburtslandes bezeichnet!"

In diesen Tagen machte von Humboldt eine sehr wichtige Entdeckung für die Seefahrt. Früher ermittelten die Seeleute die Meerestiefe mit Hilfe eines Senkbleis, um sich vor unterirdischen Sandbänken zu schützen. Der große Forscher zeigte ihnen, daß, je mehr man sich einer Sandbank näherte, desto geringer die Temperatur des Wassers an der Oberfläche wird. So lernten die Seeleute, sich nur mit einem Thermometer vor gefährlichen Sandbänken zu hüten.

Und das Schiff segelte artig zwischen den Wellen seinem Ziel entgegen, während Humboldt und Bonpland schon einen Ort fanden, der neue Herausforderungen für die Forschung bot. Auf dem Seeweg zwischen Afrika und Madeira bemerkte Humboldt zum ersten Mal zwischen Afrika und Madeira einen Sternschnuppenregen, eine Himmelserscheinung, die immer heftiger wurde, je weiter das Schiff nach Süden fuhr.

Durch einen Irrtum des Kapitäns war die erste Insel außerhalb Europas, vor der sie den Anker auswarfen, la Graciosa; dort gingen sie von Bord, um die Insel zu besichtigen.

„Nichts kann das Gefühl ausdrücken, das ein Naturforscher empfindet," sagte Humboldt, „wenn er zum ersten Mal einen Boden berührt, der nicht europäisch ist. Die Aufmerksamkeit heftet sich auf so viele Gegenstände, daß man Mühe hat, sich von den Eindrücken, welche man erhält, Rechenschaft zu geben."

Das Schiff erreichte Teneriffa, wo die Forscher das Schiff verließen und dort neue Arten von Pflanzen und Sträuchern fanden, die sie aus Europa nicht kannten. Sie wanderten von [La] Laguna nach Orotava, auf einem Weg, der von Dattelbäumen und Kokospalmen gesäumt war. Orotava liegt an der Küste, und man sieht von dort den Pico de Teide. Auf dessen Berggipfel liegt ewiger Schnee und seinen Fuß umgeben Täler mit grünen Weiden, so schön wie der Garten Eden.

Die Forscher nahmen einen Einwohner als Wegbegleiter, damit er ihnen beim Besteigen des Berges helfe. Auf dem engen Weg gab es u. a. viele Dattelbäume, Drachenbäume und Reben, welche den Bergrand säumten. Sie stiegen bis zum Gipfel empor und untersuchten dort die Eigenschaften seiner Asche, den Ursprung des Gesteins, die verschiedenen aufeinanderfolgenden Baumreihen und die Pflanzen- und Baumarten in der Umgebung des Berges. Dann eilten sie zurück, denn ihr Schiff war zur Abfahrt bereit.

Hier verstand Humboldt zum ersten Mal (später bestätigte er diese Entdeckung viele Male), daß sich Gebirge und Felsmassen überall auf Erden ähnlich bleiben, daß sich nur die Pflanzen und Tiere wegen des Klimas, der Lufteigenschaften und der Entfernung vom Äquator ändern. Später entwickelte er diese Entdeckung zu seiner Lehre von der Verteilung der Wärme auf der Erde.

Das Schiff segelte weiter, aber Humboldt und Bonpland konnten nicht aufhören, weitere Untersuchungen vorzunehmen über Temperatur, Meerwasser, Luftdruck, Feuchtigkeit, Windströmungen, den elektrischen Zustand in der Luft, die Tendenz der Magnetnadel usw.; das alles untersuchten sie mit ihren präzisen Instrumenten. Sie prüften auch die hellblaue Himmelsfarbe, die stets wechselte, und die veränderliche Oberfläche des Wassers mit einem Gerät, das man „Ozeanometer"[?] nennt.

Auch der Neuigkeiten waren sie noch nicht überdrüssig, wie z. B. die Bänke von Seepflanzen, die mit ihren Wurzeln vom Meeresgrund Nahrung aufnehmen und manchmal eine Länge von 800 Fuß erreichen. Sie bedecken die Meeresoberfläche und sehen dann wie große Inseln oder breite Felder aus, so dicht, daß sie manchmal das Schiff zum Stehen bringen. Darin sahen sie fliegende Fische und untersuchten deren Anatomie. Dort sahen sie auch zum erstenmal die seltsamen Bilder am Himmel der südlichen Halbkugel, welche den Europäern noch völlig unbekannt waren. Besonderes interessierte Humboldt das Sternbild des südlichen Kreuzes, das sich während der Nacht verändert und welches das Herz in Entzücken versetzt.

Eine schwere Krankheit brach auf dem Schiff aus, nur sehr wenige wurden nicht angesteckt, darunter die zwei Forscher. So beschlossen die beiden, in Venezuela an Land zu gehen, anstatt den ganzen Weg bis Havanna, Kuba und Mexiko mitzufahren, denn die Ansteckungsgefahr war zu groß. So verließen sie das Schiff in Cumaná, 41 Tage nach der Abreise von La Coruña.

Mit wachem Interesse erkundete Humboldt auch hier das Land. Ein Europäer, der zum ersten Mal die riesigen Wälder in Amerika sieht, erhält ganz neue Eindrücke der Vielfalt der Natur, er steht und bewundert die neuen Dinge, die sein Auge erfreuen und sein Herz bezaubern. Ob es die stille Ruhe ist, ob es die schön aussehenden, sich abwechselnden Bilder sind oder die Naturkräfte, die alles beleben und dadurch hohe Bodenerträge erzielen, bis der Boden die Last fast nicht mehr trägt, da er zu wenig Platz bietet. Ob es die erhabenen Bäume des Waldes sind, die sich nach oben winden und ranken, bis sie aneinander stoßen und sogar ineinander wachsen, als würde ein grüner Deckel den Wald von oben verschließen, oder das dichte Gras, das die Bäume umschließt, sie beschützt.

Auf dieser geliebten, gesegneten Erde fanden die zwei Reisenden viele Priester, die dort ihre Unterkunft hatten. Die Priester beobachteten Humboldts Taten, seine vielen Instrumente, die Untersuchungen und Experimente, die er anstellte, seine Pflanzensammlung, seine Briefe, und sie dachten, er sei ein Wirrkopf, denn sie konnten nicht einsehen, warum jemand seinen Besitz verkauft, Haus und Land verläßt, nur um in ein fernes Land zu gelangen und sich dort mit unnützen Dingen zu beschäftigen.

Von dort aus gingen sie zum Kloster Caripe; sie wanderten im Caripetal und fanden die große Höhle der Guacharos. In dieser Höhle gibt es eine Kolonie von Nachtvögeln, die den Besucher mit ihrem Aussehen und Benehmen sehr erschrecken können. Diese Vögel fliegen nur nachts und sind so laut, daß sie sich sogar gegenseitig überhaupt nicht hören. Die Indianer nähern sich ihrer Höhle nie, weil sie ihnen ein heiliger Ort ist. Sie glauben, daß die Seelen ihrer Väter diese Höhle bewohnen, im Gegensatz zu den Europäern, die diese Vögel wegen ihres fetten, saftigen Fleisches jagen.

Die Reisenden sammelten alles Mögliche aus diesem Land und gingen nach Cumaná zurück. Auf dem Weg stießen sie auf einsame Wälder, hohe Felsen und viele Affen, die sich ihrer mit heulender, seufzender Stimme näherten. Auch das Gesicht der Affen drückte Trauer und Niedergeschlagenheit aus. Als Humboldt sie untersuchte, gelangte er zu dem Ergebnis, daß, je ähnlicher die Affen den Menschen sind, ihre mutwillige Lustigkeit desto geringer wird; deswegen sahen sie so traurig aus.

In Cumaná wieder angekommen, erlebten sie etwas, das sie nie wieder in ihrem Leben erleben sollten.

Am 4. November 1799 schwankte und bebte die Erde unter ihren Füßen. Es war das erste Mal in Humboldts Leben, daß er ein Erdbeben sah und miterlebte.

„Von Kindheit an haben wir die Vorstellung, daß das Wasser ein bewegliches Element, die Erde aber eine unbewegliche, träge Masse sei – das ist eine Vorstellung alltäglicher Erfahrung. Die Erscheinung eines Erdstoßes, einer Erschütterung der Erde, von der wir glaubten, daß sie auf ihren alten Fundamenten fest ruhe, zerstört in einem Augenblicke die langgehegte Täuschung. Es ist eine Art von Erwachen, aber ein unangenehmes, man fühlt, daß man durch die scheinbare Ruhe der Natur sich täuschen ließ, von nun an wird man bei dem leisesten Geräusche aufmerksam und zum ersten Male mißtraut man dem Boden, worauf man lange Zeit mit Zuversicht wanderte. – Wenn aber die Stöße sich wiederholen, wenn sie mehrere Tage nacheinander öfters eintreten, dann verschwindet das Ungewisse schnell, der

Mensch faßt neue Zuversicht und wird mit dem schwankenden Erdboden ebenso vertraut, wie der Steuermann mit dem vom Wellenschlage erschütterten Schiffe."

Von Cumaná aus gingen die Reisenden, die Llanos zu erforschen. Auf dem Weg wollten sie sich den großen Orinocostrom bis Rio Negro und Brasiliens Grenze ansehen. Der Rückweg sollte durch die Provinz Guayana führen, bis nach Cumaná. Es war eine sehr mühsame und anstrengende Reiseroute von 500 Meilen. So verließen Humboldt und sein Freund das Schiff und wanderten dem Fluß Manzanares entlang, bis nach Caracas.

Caracas, eine alte Stadt mit ungefähr 30 000 Einwohnern, sollte dann später, im Jahre 1812, von einem Erdbeben zerstört und ruiniert werden; 12 000 seiner Einwohner wurden dann lebendig begraben und starben.

In Caracas blieben sie zwei Monate, bis die Regenzeit vorüberging, und erforschten seine Umgebung. Die Gegend hatte vieles zu bieten: weite Weiden mit Pomeranzenbäumen, Feigen, Kaffee, Wiesen, Felder und hübsche Gärten. Sie bestiegen auch die Silla, die niemand bis zu dem Tage bestiegen hatte. Auf dem Gipfel war die Sicht sehr gut, sie sahen das ganze Land, das Meer im Hintergrund, die riesige fürchterliche Wüste, welche noch nie die Stimme eines Menschen gehört hatte, und die großen Wälder – die Heimat vieler Tiere. Sie maßen die Höhe des Berges über der Meeresfläche und stiegen wieder hinab nach Caracas, um dort Halt zu machen.

Sie untersuchten viele Pflanzen und Bäume und fanden u. a. auch den wunderbaren Kuhbaum, von dem ihnen die Indianer schon erzählt hatten. Sie bekamen den Baum zu sehen, als sie durch das Dorf Barbula gingen, und erforschten seine Eigenschaften. Es ist ein hoher Baum und wenn man seinen Stamm durchlöchert, fließt ein fettiger, weißer Saft heraus, der so gut wie Kuhmilch aussieht und schmeckt.

Die Reisenden Humboldt und Bonpland tranken morgens und abends von ihm, und er schmeckte ihnen wunderbar! Bereits aufgrund der Form seiner Blätter und der Qualität seines Stammes wußten die Hirten zu sagen, wie gut die Milch sei. Wie wunderbar sind doch die Wege und Werke der Natur! Diese Bäume schlagen ihre Wurzeln in Felsen und saugen ihre Nahrung aus der dort verborgenen Asche. In den heißen Sommermonaten bekommen sie keinen Tropfen Regen, die Äste werden dünner, die Blätter werden trocken und kraftlos, und trotzdem spenden sie auch dann ihre wohlschmeckende Milch. Morgens, beim Sonnenaufgang, fließt die Milch besonders gut, daher kommen schon sehr früh Indianer und Schwarze von überall her, und wie der Hirte die Milch seiner Herde melkt, kommen auch sie mit Gefäßen zu dem Baum, um sie zu füllen. Manche trinken den Saft schon dort, andere bringen ihn nach Hause, um ihn ihren Söhnen zu geben.

Von Caracas gingen die Reisenden durch die Wüsten der Llanos bis zum Orinoco und fuhren durch jenen Arm des Flusses, der sich in den Río Negro und den Amazonenstrom ergießt. Diesen Lauf bestimmten sie mit einer himmlischen Prüfung und zeichneten ihn auf der Karte ein.

Den beschwerlichen Weg und die Eigenschaften des Landes, in dem Humboldt sein Leben aufs Spiel setzte, können wir in seinen Schriften über die Llanos nachlesen.

Die Llanos sind große Wüstengebiete, in denen man erst nach einem oder zwei Wandertagen einige kleine Hütten sehen kann. Die Hütten sind aus Schilfrohr gefertigt und mit Rinderfellen bedeckt, eine sichere Wohnung für die wilden Indianer. Herden von Rindern, wilden Pferden und Mauleseln weiden in der Steppe und schwärmen dort umher. Die Wipfel der höchsten Bäume reichen bis zu den Wolken; man sieht Riesenfelsen, zu deren Fuß Flüsse entlangfließen; aus dem Dickicht der Wälder hört man den Lärm der Wassermassen und das Gebrüll des Jaguars; und das Heulen der Affen betäubt sogar die Ohren. Auf den Sandbänken im Fluß liegen unbeweglich Krokodile wie abgeschlagene Zedernbalken, ihre Rachen sind aufgerissen wie Gräber, und auf ihren Rücken sitzen Vögel. Am Ufer erscheint der Kopf der Boaschlangen, deren Körper gestreift ist. Mit ihrem Schwanz hängt die Boa an einem Baumast, während sie ihren Kopf hebt, bereit, das junge Rind, das sich ihr nähert, herunterzuschlingen.

Wenn der Himmel in den Sommermonaten der Erde den Regen versagt, trocknet das Gras, der Boden wird zur Wüste, die Weiden zerfallen, und der heiße Staub liegt über allem. Krokodile und Schlangen häuten sich und liegen nackt wie Geister auf ihrem Platz und graben sich dort ein. Pferde- und Maultierherden laufen kraftlos durch die Gegend mit ausgetrockneten Kehlen; sie strecken vergeblich ihre Hälse dem Wind entgegen, um aus der Luft Feuchtigkeit zu erhaschen, aber die Luft bringt nur heißen Staub.

Auch wenn die Stille kommt, erhalten die bedauernswerten Tiere keine Ruhe, denn die Fledermäuse saugen von ihrem Blut.

Wenn dann die Sommertage vorüber sind und der Regen wieder reichlich die Natur mit seinem Naß segnet, verändert sich alles. Der Boden wird neu belebt, die Täler füllen sich mit Weiden, überall erscheint eine grüne Decke, die Pferde- und Rinderherden tanzen und springen über die Auen, obwohl der Jaguar im Gras auf sie lauert. An den Seerändern – vom Regen naß – kann man sehen, wie die Staubhaufen sich erheben, die Erde lärmend explodiert, während Erdklumpen in jede mögliche Richtung fliegen, denn dann erwachen die Boaschlangen und die Krokodile, und niemand, der ihnen zu nahe kommt, überlebt es.

Wenn die Regentage zahlreicher werden und das Wasser die Ebenen überschwemmt, flüchtet das Vieh auf die Berggipfel, staunend über die Wassermassen. Wenn ihnen der Platz zu eng wird und das Hochwasser kommt, suchen sie auf den höheren Weiden einen Zufluchtsort, dabei ertrinken sie oder werden von Krokodilen lebend gefressen.

Und so wie die Tiere in dieser Wüste miteinander kämpfen, so bekriegen sich dort auch die wilden Menschen, als wären sie Löwen und Tiger. Sobald der eine gewinnt, erwürgt er den anderen, frißt sein Fleisch und trinkt sein Blut. Die Schwachen unter ihnen verstecken sich auf ihren Wegen und verwischen ihre Spuren, damit die Feinde sie nicht bemerken. So bereiten die wilden Menschen den Schwachen ein mühevolles Leben, worunter letztere auf traurige Weise sehr leiden. Der Wanderer und der Geschichtsforscher seufzt und ist betrübt über dieses gemeine Leben, ebenso wie über die Geschichte dieser Welt, die voller Feldzüge, Imperien und Bruderkriege ist.

Nach vielen Beschwernissen und Abenteuern gelangten die Reisenden nach Calabozo, einer Stadt mit damals 5000 Einwohnern. Humboldt staunte sehr über einen Mann mit Namen Pozo, der selber Elektrizität erzeugende Geräte baute. Diese Apparate waren für Humboldt noch unbekannt, aber interessierten ihn um so mehr.

Humboldt zeigte Pozo seine Elektrometer aus Stroh, Korkkugeln und Goldblättchen. Außerdem zeigte er ihm geladene Leidener Flaschen, die sehr stark elektrisch reagieren können. Besonders faszinierte Pozo die Beobachtung der elektrischen Reaktion, die entsteht, wenn durch die Berührung mit zwei unterschiedlichen Metallen tierische Muskeln zukken, denn die Namen Volta und Galvani waren damals in dieser Gegend noch unbekannt.

In der Umgebung dieser Stadt fanden sie Flüsse, in denen eine besondere Art von Fischen lebte. Diese Fische – Gymnoten (Zitteraale) genannt – sind lang und können einen starken elektrischen Schlag erzeugen. Jeder, der sie berührt, bekommt Muskelkrämpfe und Zuckungen.

Die Indianer fingen sie so, wie sie es für richtig befanden, und überließen sie Humboldt für seine Untersuchungen; und zwar trieben sie Pferde in diese Flüsse, so daß die Fische an ihnen ihre elektrischen Batterien entluden, während die Pferde vor Schmerz schnaubten. Ihre Mähnen sträubten sich, ihre Augen drückten Angst und Furcht aus. Manchen Pferden gelang es, vor den speer- und stockschwingenden Indianern zu fliehen, manche aber brachen zusammen und ertranken vor Erschöpfung. Auch die hart kämpfenden Fische verloren an Kraft, erschöpften sich und tauchten an die Oberfläche auf. Dann sammelten die Indianer diese mit Stricken ein, damit Humboldt mit ihnen experimentieren konnte.

Ach, welch wunderbare Kraft, mit der diese Fische bewaffnet sind, und die in allen feuchten Organen von Tieren und Pflanzen existiert, die Feuer sprüht und dann in Aktion tritt, wenn zwei Metalle sich berühren, die Eisen an Eisen bindet und magnetisches Gestein überall abstößt oder anzieht.

Es ist alles das Gleiche! Diese elektrische Kraft und wir stammen aus derselben Quelle.

Am 27. März 1800 erreichte Humboldt mit einer Gruppe von Indianern San Fernando [de Apure], wo er drei Tage blieb, um sich auf die nächste Reise vorzubereiten. Dann befuhren Humboldt, Bonpland und fünf indianische Seeleute mit einem kleinen Boot den Río Apure bis zum Río Negro, wo sie viele Fische, Meeresfrüchte und Meeresschildkröten entdeckten.

Und sie reisten durch eine Wildnis, die nie zuvor betreten worden war, trafen dort die große Natur mit all ihren wilden Geschöpfen, gemeinsam gingen kleine Tiere mit großen umher. Nachts, wenn sie unter dem hellen Himmel und am brennenden Lagerfeuer saßen, näherten sich ihnen Krokodile (von denen manche bis 22 Fuß groß waren), um fasziniert das Feuer anzuschauen. Sie konnten keinen Schlaf findern, da ein gewaltiger Lärm aus dem Walddickicht drang, Löwen brüllten, junge

Löwen und Tiger schrien; man hörte die Stimmen von Jaguaren, Schweine grunzten und Vögel zwitscherten. Die Löwin bringt ihr Junges zum Fluß, damit es seinen Durst stille, dann klettern die Affen ängstlich auf die Bäume und schreien fürchterlich. Auf diese Weise fanden die Reisenden drei Monate lang keinen Schlaf, bis sie sich daran gewöhnt hatten.

Sie fuhren auf dem Apure-Fluß bis zu der Stelle, wo er sich in den Orinoco ergießt. Der Fluß ist bis zu sechs englische Meilen breit und hat eine beträchtliche Strömung. Dann ereignete sich etwas, das sie den Hauch des Todes spüren ließ: Durch die Lage des Flusses zwischen verschiedenen Bergen neigte sich das Boot bei einem starken Windstoß so sehr auf die Seite, daß sie bis zu ihren Knien naß wurden. Auch ihre Briefe, Bücher und die Pflanzensammlung schwammen im Wasser. Die Indianer begannen laut zu schreien, so daß Bonpland erwachte, und da er ein mutiger Mann war, überlegte er schnell, ob es möglich wäre, diesen Papieren nachzuschwimmen, da kein Krokodil zu sehen war. Zu ihrem großen Glück erlangte das Boot wieder sein Gleichgewicht, so daß sie die Sachen herausfischen und das Wasser aus dem Boot schöpfen konnten. Als sie ihre Habe zählten, fehlte ihnen nichts, und trotzdem ärgerten sich die Indianer über den Steuermann, da es seine Schuld gewesen war. Letzterer saß ruhig an seinem Platz und sagte bloß: „Es wird hier herum den weißen Leuten nicht an Sonne fehlen, um ihre Papiere zu trocknen."

In der Gegend von Pararuma angekommen, weigerte sich der Steuermann weiterzusegeln. So mieteten die Reisenden ein längliches Kanuboot von einem Missionar. Mit dem Boot fuhren sie bis zur Gabelung des Orinoco, die sie am 6. Mai [1800] erreichten. Dort errechneten sie mittels einer himmlischen Prüfung die genaue Breite, Länge und den Standort der Gabelung auf der Karte, da dies bisher von niemandem berechnet worden war.

Von dort aus fuhren sie durch den Casiquiare zurück zum Orinoco. Mitte Juni gelangten sie nach 75 Reisetagen und 400 Meilen nach Angostura, der Hauptstadt der Provinz Guayana, welche zum spanischen Königreich gehörte.

Die Abenteuer und Fährnisse des Weges waren nicht leicht zu überwinden gewesen. Drei Monate lang waren sie eng beieinander in einem kleinen Boot unterwegs gewesen, über ihnen die heiße Sonne, unter ihnen Krokodile und Boaschlangen, die überall in diesen Flüssen lebten – zwischen Jaguaren und heimischen Tieren, die sie überall getroffen hatten, und vor allem inmitten wilder Indianer, die bei Hungersnot sogar Ameisen, Tiere oder Menschen aßen. Am meisten störten sie die Stiche der Moskitos, weswegen Humboldt später sagte, dies sei die mühsamste und anstrengendste aller seiner Reisen in Amerika gewesen.

Die Orte, die sie passierten, sahen anders aus und besaßen andere Eigenschaften, als die, welche sie bisher kennengelernt hatten. Am Casiquiare standen die Bäumen so dicht beieinander, daß sie nicht mehr ans Ufer gelangten und sich nur mit Hilfe von Äxten einen Weg bahnen konnten. Trotzdem fanden sie nicht genug Holz für das Lagerfeuer, da die Bäume von der Erde so viel Feuchtigkeit aufnehmen, daß sie nicht mehr brennen. Manchmal waren sie durch Wüsten gewandert, wo kein einziger Baum zu sehen war, und durch unfruchtbare, salzige Länder der Verbannung, wo kein Mensch lebte und es nur hohe, steile Felsen gab.

Humboldt war sehr beeindruckt, in solche riesigen Felsen Menschengesichter eingehauen zu finden, da dies zeigte, daß dort früher kultivierte Menschen gelebt hatten. Heute jedoch findet man keine Hinweise mehr darauf, wo sie ihren Wohnsitz hatten.

Auch die weit entfernt lebenden Indianer ähneln ihnen bezüglich der Form der Gesichter nicht. Humboldt entdeckte auch eine große Höhle, in der sich viele Menschengräber befinden. Die Gräber sind Körbe, welche aus Palmenblättern gefertigt sind. Dort bestatteten die alten Indianer ihre Toten, und von ihnen nahm Humboldt einige Knochen, um ihre Körpereigenschaften zu untersuchen.

Als sie in Angostura ankamen, begrüßte sie der Provinz-Statthalter herzlich und gab ihnen ein Haus, um ihre müden Seelen nach dem anstrengenden Weg wiederzubeleben. Dort blieben sie einen Monat lang, bis sie genug Kraft gesammelt und die Beschwernisse des Weges vergessen hatten. Sie wollten durch die Wüsten Venezuelas bis nach Cumaná gehen und dann Kuba und Mexiko bereisen. So passierten sie die Wohnsitze der Kariben, kamen nach [Villa del] Pao, bis sie am 23. Juli [1800] in Cumaná eintrafen. Humboldt erforschte auch das Volk der Kariben, seine Tradition und Trachten. Er widerlegte das Gerücht, daß sie Menschenfresser seien. Humboldt sagte sogar, sie wären zivilisierter und vernünftiger als die indianischen Stämme; sie kleiden sich auf eine bescheidene Weise, besonders die Frauen. Die Bescheidenheit ist eine Sache von Gewohnheit und Tradition, und sie besitzt in jeder Nation auf der Welt einen unterschiedlichen Stellenwert. Früher zogen sich die Frauen so an, daß man nicht einmal ihren kleinen Finger sehen konnte, denn sie waren sehr scheu.

Die Kariben laufen, im Gegensatz dazu, nackt umher, nur mit einem engen Gürtel bekleidet, welcher ihre Scham bedeckt. Die Frauen empfinden mehr Scham, mit ungefärbten Gesichtern auf die Straße zu gehen, da alle Männer und Frauen, die aus der Hütte gehen, ohne ihre Gesichter mit einer roten Farbe namens Onota zu bemalen, die Gesetze des Anstands verletzen.

Als Humboldt sich unter sie mischte, sah er junge Leute, die vom Volk gewählt wurden, Beamte zu sein. Und wenn ihnen dieses Schicksal zuteil wird, stehen sie stundenlang vor dem Volk und reden zu ihm. Die Höhen und Tiefen ihrer Stimmen, die Bewegungen ihrer Hände und ihre Mienen sollen beweisen, daß sie die Wahrheit sagen – und das alles auf eine kluge Weise. Einer der Priester, der neben Humboldt stand und diese Sprache verstand, erzählte ihm, daß der Stil, die Verbindung zwischen den Wörtern und die Folge der Sätze auch sehr erhabene Ideen auf eine weise Art ausdrücken könnten.

Als sie in Cumaná ankamen, lief ihnen die ganze Stadt entgegen, denn ein Gerücht hatte sich verbreitet, wonach sie im Orinoco ertrunken seien.

Dort blieben sie bis zum 24. November [1800] und segelten dann mit einem Schiff nach Havanna, wo sie am 19. Dezember ankamen. Es erreichte sie die Nachricht, daß zwei französische Schiffe unter der Führung von Kapitän Baudin Kap Horn schon erreicht hätten, jetzt auf dem Weg nach Neu Holland und über die peruanische Küste zu einer Weltumsegelung aufgebrochen seien. Diese Schiffe waren von Frankreich ausgesandt worden, um nach neuen Ländern auf der südlichen Halbkugel zu forschen. Sie waren schon vier Jahre unterwegs, und Humboldt hatte damals in Paris vergebens darauf gewartet, mit ihnen auf diese Expeditionsreise zu gehen.

Diese Nachricht änderte seine Pläne, und so entschlossen sich Bonpland und Humboldt, ihre Reise nach Mexiko abzusagen und diesen Schiffen zu folgen.

Die beiden teilten ihre ganze Sammlung in drei und schickten sie auf drei verschiedenen Wegen nach Europa zurück. Dies taten sie für den Fall, daß, falls eine Sendung durch irgendein Unglück nicht ankäme, der Rest nicht verlorenginge.

Die erste Sendung schickten sie über England nach Deutschland, die zweite über Cadiz nach Frankreich, und den dritten Teil gaben sie einem Bekannten, der mit ihnen nach Havanna reiste und jetzt nach Spanien zurückkehren wollte. Und so reiste dieser Mann von Kuba nach Spanien und nahm alles mit sich, was ihm Bonpland und Humboldt gegeben hatten. Aber sein Schiff geriet in einen schweren Sturm und ging mit all seinen Waren vor der Küste Afrikas unter. Mit ihm gingen auch die Neuigkeiten verloren, welche die Reisenden gesammelt und nach Europa geschickt hatten. Ein großer Verlust für die Wissenschaftler, da eine Sammlung von Kriechtieren, die Bonpland an den Ufern des Orinoco und des Río Negro zusammengestellt hatte, darunter war.

Während der ganzen Zeit, welche sie im zum spanischen Königreich gehörenden Amerika verbrachten, hörten sie nichts von der Sendung, welche in Europa angekommen sein sollte. Auch in den Briefen, die sie in den folgenden drei Jahren aus Europa erhielten, stand nichts von den Schätzen, die sie geschickt hatten. Humboldt befürchtete, daß die ganze Arbeit und die gesammelten Werke, welche er in den anstrengenden Reisen mühsam zusammengestellt hatte, zugrunde gegangen waren. Darunter waren Briefe und Forschungen, ein Reisetagebuch, alle Experimente, eine neue von ihm gezeichnete Landkarte und Barometermessungen der Höhen von Bergen und Ebenen; Humboldt behielt für sich nur eine Kopie, da er keine Zeit übrig hatte, mehrere Kopien anzufertigen.

Erst als er in Philadelphia die Bibliothek besuchte, las er zufällig im Inhaltsverzeichnis einer wissenschaftlichen Zeitschrift die Zeilen: „Ankunft von Manuskripten des Herrn von Humboldt im Hause seines Bruders in Paris, auf dem Weg über Spanien." Humboldt konnte ob dieser Zeilen nicht an sich halten und freute sich darüber außerordentlich; in seinem Herzen sagte er dann: „Niemals war mir ein Inhaltsverzeichnis vollkommener erschienen."

Um zu den zwei Schiffen des Kapitän Baudin zu gelangen, wollten sie mit einem kleinen Boot von einer Küste Kubas bis nach Cartagena fahren, aber ein starker Sturm hielt sie an der Mündung des Río Sinú auf.

Dort legten sie an, sahen schöne Felder und Wälder und erforschten alles, was für sie noch neu war. Dann fuhren sie nach Cartagena, wo sie erfahren mußten, daß sie die zwei Schiffe nicht mehr einholen konnten, da sie deren Abfahrtszeiten verpaßt hatten. Da machten sie einen Halt, wohnten in einem nahegelegenen Dorf – einem netten Ort zwischen Dattelpalmen und grünen Weiden –, sammelten alle für sie noch unbekannten Pflanzenarten und entdeckten im Wald kleine Hügel, welche Schlamm und Gas ausstießen.

Diese Hügel sind ungefähr 25 Fuß hoch, ihre Gipfel haben Vertiefungen, welche mit Wasser gefüllt sind, und sie stoßen lärmend Luft und Schlamm aus; so forschten die Reisenden.

Dann segelten sie den Magdalenenstrom entlang, welcher zwischen schönen Wäldern und mit Gras bedeckten Tälern fließt. Bonpland sammelte verschiedene Pflanzen, und Humboldt zeichnete den Lauf des Flusses auf der Karte ein, bis sie in Honda ankamen. Von dort aus ritten sie auf Maultieren bis Bogotá, das sie nach 35 Tagen erreichten. In Bogotá blieben sie bis September (1801) und erforschten die Umgebung. Sie überquerten das Andengebirge (Kordilleren) bis nach Popayán, und nach einem mühsamen beschwerlichen Weg, auf dem sie vier Monate lang reisen mußten, langten sie am 6. Januar 1802 in Quito an. Dort blieben sie 9 Monate und erholten sich von den Anstrengungen, welche sie bis dahin erduldet hatten. Die Luft des Landes war gut und sauber, so spazierten sie in alle Ecken dieser Stadt. Humboldt untersuchte den Krater des Vulkans Pichincha, der früher noch tätig war, die Schneekuppen auf dem Antisana und Tunguragua.

Sie bestiegen den größten Berg Amerikas – den Chimborazo – in Gesellschaft eines Mannes namens Montúfar. Sie erreichten 3036 Toisen, eine Höhe, die noch niemand zuvor erreicht hatte. Weiter hinauf konnten sie nicht steigen, da die Luft zu dünn war und sie deswegen alle paar Minuten verschnaufen mußten. Das Blut erwachte in ihnen und wollte durch Zahnfleisch, Lippen und Augen dringen. Auch Barometer und Thermometer hörten auf, ihnen zu dienen und die Höhe und Temperatur anzuzeigen, da das lebende Silber [Quecksilber] in den Röhren eingefroren und zu festem Eis geworden war.

In Quito erhielten die Reisenden die Nachricht, Kapitän Baudin sei mit seinen Schiffen nach Neu Holland ostwärts um das Kap der Guten Hoffnung in Afrika gesegelt, und es gäbe keine weitere Möglichkeit, sie einzuholen. Sie entschlossen sich, nach dem Amazonenstrom zu fahren bis nach Lima, damit sie rechtzeitig den Durchgang des Merkur durch die Sonnenscheibe berechnen und beobachten könnten – ein wertvolles und nützliches Experiment.

Und sie reisten durch die Schneegefilde von Cuenca und Loja bis zum Amazonenstrom, wo sie sich nach [den Katarakten von] Rentama einschifften; dort überquerten sie die Anden und erreichten die peruanische Grenze.

Auf dem Weg besuchten sie Silberbergwerke in Hualgayok, die warmen Wasserquellen in Cajamarca und die Ruinen der alten Stadt Mansiche mit ihren großen Pyramiden.

In Lima, der Hauptstadt von Peru, angekommen, ruhten sie sich einige Monate aus. Sie beobachteten den Durchgang des Merkurs durch die Sonnenscheibe um die Mittagszeit, erforschten das Land und segelten im Januar 1803 nach Acapulco in Mexiko weiter. Sie konnten den Hafen von Acapulco nicht verlassen, da dort das gelbe Fieber ausgebrochen war; so blieben sie drei Monate lang in dieser Gegend, bis sich das Fieber beruhigt hatte. Sie reisten auf dem Landwege in die Stadt Mexiko und schlugen dort ihr Lager auf.

In Mexiko erforschten sie die historischen Bauten, welche in der Umgebung lagen. Sie sahen eine große Wasserleitung, die in einen Spalt des Berges Sincoque gegraben war und deren Aufgabe es war, das Wasser von dem Tal der Stadt abzuleiten. Außerdem sahen sie die Arbeit der Bergleute in Morán, gingen an den Küsten des Stillen Ozeans in die Ebenen des Jorullo und sahen dort in der Ebene Malpais einen Vulkan. Dieser hatte im Jahre 1759 Feuer gespien, und sein Rauch war damals aus 2000 Öffnungen aufgestiegen.

Humboldt und Bonpland mühten sich und stiegen bis zur ersten Öffnung empor, durch welche sie ins Innere gelangten und bis zu 250 Fuß weit nach unten vorstießen.

In Mexiko wohnten sie ein Jahr lang, erforschten allerlei Sonderbares und schifften sich dann nach Havanna ein, um ihre dort zurückgelassenen Sammlungen und Schätze aus dem Jahre 1800 abzuholen. Dann reisten sie nach Philadelphia in Nordamerika und verließen es im Jahre 1804, um nach Bordeaux in Frankreich zu fahren, fünf Jahre nach ihrer Abreise aus Europa.

Als Humboldt in Paris eintraf, freuten sich alle weisen Menschen sehr, da sich unter dem Volk das Gerücht ausgebreitet hatte, man hätte Humboldt beraubt, und so sei er in Amerika zusammen mit Tausenden anderer Infizierter am gelben Fieber gestorben.

Sein älterer Bruder Wilhelm wohnte zu der Zeit in Rom, am Hof des Papstes, im Auftrag seines Königs [Friedrich Wilhelm III.]; deshalb kam nur die Frau seines Bruders [Caroline von Humboldt], um ihn willkommen zu heißen, und ihre Freude war riesig. So blieb Humboldt mit seinem Freund Bonpland in Paris, das er sich als Wohnsitz gewählt hatte, da alle Weisen und Wissenschaftler dort tätig waren. Paris hatte auch gute Forschungsquellen, um alle Neuigkeiten und Entdeckungen, die er aus Amerika mitgebracht hatte, zu bearbeiten und daraus Schlußfolgerungen zu ziehen.

Humboldt begann, seine eigenen und Bonplands Sammlungen auszuwerten und zu ordnen, mit Hilfe von Cuvier, Gay-Lussac, Arago, Laplace – den weisen Forschern. Sie unterteilten das gesammelte Werk in verschiedene Klassen, und jeder erforschte einen Teil, welcher mit seinem Fachbereich zu tun hatte.

1805 ging Humboldt zu seinem Bruder nach Italien, da er ihn sehr vermißt hatte. Die beiden freuten sich sehr, einander zu sehen, und Humboldt erzählte Wilhelm, was ihm alles zugestoßen war, über die Beschwernisse des Weges und alle von ihm gesammelten Schätze. Wilhelm erzählte ihm von seinen Studien, den Entdeckungen, die er gemacht hatte, seinen Forschungen über die Römer, Griechen und deren Sprachen und auch von den Neuigkeiten über die Eigenschaften der Indianersprache, welche sogar Humboldt noch unbekannt waren.

Während seines Aufenthalts in Italien hörte Humboldt, daß der Berg Vesuv Steine spucke, also wieder tätig war, und sich der Tag der Erdbeben nähere. So eilte Humboldt mit den Gelehrten Gay-Lussac und Leopold von Buch, die er zufällig unterwegs getroffen hatte, dorthin, um diesem einmaligen Anblick beizuwohnen und darüber zu forschen. Sie gelangten am 12. August [1805] an, bestiegen den brennenden Berg, setzten dabei ihr Leben aufs Spiel und erhielten von Alexander genaue Erklärungen, da er dies ja schon früher in den amerikanischen Gebirgen erlebt hatte. Sie lernten dabei sehr viel.

Humboldt kehrte nach Berlin zurück, wo er zwei Jahre wohnte und die Untersuchungen mit der magnetischen Nadel, welche er in Amerika unternommen hatte, fortführte.

Diese Arbeit wurde später zur Basis für den Gelehrten Biot, der den magnetischen Äquator entdeckt hatte.

Damals schrieb Humboldt in deutscher Sprache sein Buch: „*Ansichten der Natur*" in zwei Bänden, das 1808 veröffentlicht wurde. In dem Buch beschreibt er in einer lebendigen Sprache die Eigenschaften der Länder, welche er bereist hatte, erklärt die Werke der Natur und wie sich die Natur überall verändert, unternimmt eine Beschreibung der Pflanzenarten, der Tiere, der hohen Berge und breiten Täler, der Vulkane, und all dem fügt er kluge Bemerkungen hinzu.

Im Jahre 1807 ging Humboldt nach Paris, um sich dort an die Aufgabe des Bücherschreibens zu machen. Er mußte das Werk in verschiedene Gruppen unterteilen, um es zu bewerten. Aber das Sammeln und Forschen dieser Neuigkeiten ist für ein Menschenleben zu viel. Niemand kann diese Aufgabe in einer Lebenszeit anfangen und beenden, da die Arbeit Einblick in viele verschiedene Fachbereiche bietet. So entschloß sich Humboldt, diese große Arbeit zwischen verschiedenen Forschern und Spezialisten aufzuteilen, damit sich jeder nur mit einem Zweig der Wissenschaft beschäftigen mußte.

Die astronomischen Beobachtungen und Höhenmessungen mit Hilfe des Barometers und die geometrischen Rechnungen teilte er dem Forscher Oltmanns zu. Die Dinge, welche mit Chemie und Meteorologie zu tun haben, teilte er den großen Forschern Gay-Lussac und Arago zu. Für die Wissenschaft der Tierarten bekam er Hilfe von den Gelehrten Cuvier und Latreille; das Erforschen der Wissenschaft der Metalle und Gesteine erhielten Klaproth und Vauquelin zugeteilt, und die Wissenschaft der Botanik erforschte der kluge [Karl Sigismund] Kunth. Außer ihnen arbeiteten noch viele wunderbare Künstler an diesem Werk: Manche zeichneten die vielen Stiche, und andere fertigten die Landkarten und die dazu gehörenden Tafeln an. Mit Bemühungen von allen Seiten wurde es möglich, das große Buch Humboldts in französischer Sprache zu veröffentlichen. Man kann dieses Buch mit keinem anderen vergleichen, das bis zu dem Tage herausgegeben worden war, wegen seiner interessanten Themen, der Schönheit des Druckes, der Zeichnungen und der vielen Tafeln.

Die Kosten dieses Reisewerkes betrugen 226 000 Taler. Der Preis eines vollständigen Buches erreichte bis zu 2700 Taler.

Dieses Reisewerk heißt *„Voyage aux régions équinoxiales du Nouveau Continent, par A. Humboldt et A. Bonpland"*, und es kam in zwei Ausgaben heraus. Die erste Ausgabe erschien in drei Bänden in Folio, 12 Bände im Quartformat und einem Spezialband mit allen Kartentafeln und Zeichnungen (*„Atlas géographique et physique"*). Die zweite Ausgabe erschien in 23 Bänden in Oktav.

Vier Bände des Werkes, welche *„Relation historique"* heißen, enthalten detailliert alle Geschehnisse der Reise, zwei Bände, die *„Vues Cordillères, et Monuments des Peuples indigènes de l'Amèrique"*, beschreiben uns die Eigenschaften der heißen Länder, das Andengebirge, die Landschaft, die Sprachgeschichte der Völker, ihre Taten und Bauten, die Denkmäler und Ruinen, welche in Mexiko und Peru existieren.

Über die Landespolitik und die Sitten der Menschen in Mexiko wurden zwei Bände herausgegeben unter dem Namen *„Essai politique sur le royaume de la Nouvelle Espagne"*. Über Kuba erschienen auch zwei Bände unter dem Titel *„Essai politique sur l'isle de Cuba"*.

Ein Werk über die amerikanischen Tierarten und ihre Eigenschaften wurden von Cuvier und Latreille unter dem Namen *„Recueil d'Observations de Zoologie et d'Anatomie comparées, faites dans un voyage aux Tropiques"* herausgegeben.

Die Beschreibung der Pflanzenarten in Amerika, welche Humboldt und Bonpland erforscht hatten, wurde in zwei Bänden publiziert: *„Plantes équinoxiales au Mexique, dans l'Isle de Cuba, dans les provinces de Caracas, Cumana etc."* und *„Monographie des Rhexia et des Melasthomes"*, beide von Bonpland geschrieben.

Von dem weisen Kunth sind auch einige Bände in Berlin herausgegeben worden: *„Famille de Mimosacées et autres plantes légumineuses"*, *„Graminées rares de l'Amérique équinoxiale"* und *„Nova Genera et Species plantarum"*. Letzterer enthält sieben große Bände inkl. 700 Kupfertafeln, worin 4500 neue Pflanzenarten beschrieben sind. Oltmanns veröffentlichte zwei Bände mit dem Titel *„Observations astronomiques"*, die mit den Berechnungen und Messungen Humboldts in Amerika zu tun haben, von 41° nördlicher Breite bis 12° südlicher Breite. Die Berechnungen enthalten die Zeiten der Umlaufbahnen von Sonne und Sternen, die Bedeckung mancher Sterne durch andere Sterne und durch den Mond, verschiedene Finsternisse, die Lichtbrechung der Sonnenstrahlen in der Luft heißer Länder, Höhenmessungen von Ebenen und Bergen mit Hilfe eines Barometers und schließlich eine große Tafel mit 700 Orten, die bezüglich ihrer geographischen Länge und Breite vermessen wurden.

Es wurden noch einige Bücher gedruckt, manche auf Deutsch, die anderen in Französisch (später wurden die meisten ins Deutsche übersetzt) – alle auf Grund der Untersuchungen Humboldts in Südamerika.

Humboldt hatte noch nicht einmal die ganze Arbeit zu Ende gebracht, als sein bekanntes Fernweh wiederkehrte. Diesmal sehnte er sich nach Asien. Das russische Herrscherhaus bereitete eine Gruppe von Weisen vor, die nach Tibet über Kashghar geschickt werden sollte. Humboldt fühlte sich geehrt, als er eine Einladung erhielt, sich an dieser Expeditionsreise zu beteiligen, um unterwegs weitere Untersuchungen durchzuführen und Neuigkeiten zu erforschen.

Humboldt erhielt diese Einladung mit der größten Freude, denn er wollte wieder ins Ausland gehen, um die hohen Berge in Asien und Indien zu erforschen und sie mit den amerikanischen Gebirgen zu vergleichen.

Die Gruppe von Wissenschaftlern war Anfang 1812 zum Aufbruch bereit, so eilte Humboldt nach Wien, um sich von seinem Bruder und seiner Familie zu verabschieden, die im Auftrag des Königs dort waren.

Dann brach ein großer Krieg in Frankreich aus, und die Soldaten erreichten auch Rußland, um es zu erobern, so daß diese Expeditionsreise ausfallen mußte und Humboldts Hoffnung unerfüllt blieb.

Humboldt kehrte nach Paris zurück, um seine Arbeit zu vollenden, trotzdem aber gab er die Reisepläne nicht auf; er wollte die Fahrt allein unternehmen, ohne Einmischung des russischen Zarenreiches. Er bereitete sich auf die große Reise nach Asien vor, lernte Persisch und besorgte alles, was über Asien je geschrieben worden war, um bei Gelegenheit davon profitieren zu können.

1818 verließ Humboldt seinen Wohnsitz Paris und ging wieder nach Berlin. Vorher verabschiedete er sich noch von Bonpland, seinem Freund seit vielen Jahren, der mit ihm alle Beschwernisse der Reise in Südamerika erlebt hatte. Die beiden sollten sich nie mehr sehen.

Bonpland, der bis jetzt Verwalter der Gärten der Kaiserin Joséphine in Malmaison war, verließ Paris wegen des Regimes von Napoléon und ging nach Amerika, wo er zum Professor für Naturwissenschaft in Buenos Aires ernannt wurde. Zwei Jahre später besuchte Bonpland die Kolonie der Indianer, welche in Santa Anna an der Grenze Paraguays für ihn Tee anpflanzten. Dort überfiel ihn eine Reitertrupp, nahm ihn gefangen und schleppte ihn nach Santa Martha; die Teepflanzen, welche er in Santa Anna besaß, wurden von den Reitern herausgerissen, denn es gefiel dem Diktator [Rodríguez de Francia] nicht, daß Bonpland überall in Brasilien Tee gepflanzt hatte, da dies früher nur Paraguays Ertrag war und deshalb nach Brasilien exportiert werden konnte. Jetzt, nachdem Bonpland überall Tee angepflanzt hatte, brauchte man die Importe aus Paraguay nicht mehr.

Sie nahmen Bonpland gefangen und ließen ihn die paraguayische Grenze nicht mehr überqueren. Er blieb dort viele Jahre und wirkte als Arzt.

Humboldts Bemühungen, Bonpland freizubekommen, waren vergeblich. Er bat bekannte Amerikaner, ihm bei der Freilassung Bonplands zu helfen, aber der paraguayische Diktator hörte auf niemanden.

1829 erreichte Humboldt die Nachricht, Bonpland sei freigelassen worden, und er habe sich in einer kleinen Stadt namens San Francisco de Borgia niedergelassen. In dem Haus lebt Bonpland bis heute [d. h. 1858], von dem französischen Königreich jährlich finanziell unterstützt. Auch der preußische König ehrte diesen edlen Mann, als er ihm den roten Adlerorden verlieh, als Erinnerung an seine wissenschaftliche Arbeit.

1818 wurde Humboldt von seinem König nach Aachen gerufen, wo eine Zusammenkunft der Monarchen Europas stattfand. Der König war von Humboldts Reiseplänen nach Asien und Indien sehr beeindruckt und erklärte sich einverstanden, die Reise mit 12 000 Talern pro Jahr zu finanzieren. Von diesen Plänen wurde nichts realisiert, so daß Humboldt nach Paris zurückkehrte und mit den berühmten Gelehrten Cuvier, Arago und Gay-Lussac weiterarbeitete. 1827 wurde der preußische König zu einer Zusammenkunft in Verona eingeladen; Humboldt schloß sich ihm auf dem Weg an. und sie reisten zusammen nach Italien über Venedig, Rom und Neapel.

Humboldt suchte wie immer Neuigkeiten, bestieg den Vesuv drei mal, maß und berechnete seine Höhe und erforschte die Gesteine und Erdklumpen, die von ihm in letzter Zeit ausgespuckt worden waren.

Er kehrte mit seinem König zurück nach Berlin, wo er sich einige Monate lang aufhielt, und ging dann nach Paris zurück, um dort seine Bücher weiterzuschreiben.

Seit dem Jahre 1827 war Humboldts Wohnsitz wieder Berlin, wo ihn viele Leute aufsuchten. Täglich ging er zum König, um ihn aufzuklären und zu belehren. Humboldt hielt auch Vorträge in den Häusern der Gelehrten [Universität] in Berlin, zu denen jedermann kam, um Weisheit und Klugheit zu vernehmen und zu erleben; so war am Ende das Haus zu klein, um alle aufzunehmen. Auch der König, seine Familie und die größten Gelehrten von nah und fern kamen täglich, um kluge Reden zu hören. Denn Humboldt hatte die Begabung, auch schwierige Themen auf eine einfache Art zu erklären und seine Erlebnisse interessant zu schildern. Diese Vorträge veranlaßten ihn später, die Geschichten niederzuschreiben, woraus sein großes Werk „*Kosmos*" entstand.

Die Expeditionsreise, nach der er sich jahrelang gesehnt hatte, sollte endlich verwirklicht werden: Zar Nikolaus [I.] von Rußland kam ihm entgegen und gab ihm die Erlaubnis, alle Länder unter seiner Herrschaft, zusammen mit klugen Menschen, bereisen zu dürfen, während er alles finanzierte.

Sobald diese Gruppe bereit war, durfte sie überallhin gehen, Neuigkeiten auf dem Gebiet des Bergbaus sammeln und daraus Nutzen für Rußland ziehen.

Bis 1829 erledigte Humboldt seine Arbeit und wählte dann zwei berühmte Gelehrte als Gesellschaft für die Reise. Diese beiden stammten aus Berlin; der eine hieß Gustav Rose und der andere Ehrenberg. Sie teilten sich die Arbeiten der Reise: Rose erhielt die Aufgabe, das Reisetagebuch zu schreiben, die Karten zu zeichnen und die Gesteine und Metalle unterwegs chemisch zu untersuchen. Ehrenberg sollte Pflanzen- und Tierarten sammeln, während Humboldt alle himmlischen Prüfungen, Breiten- und Längenmessungen durchführen, magnetische Felder und die Ordnung der Gesteine untersuchen würde.

Am 12. April 1829 verließen die drei Reisenden Berlin, nachdem der König Humboldt zur Exzellenz ernannt hatte, und erreichten Petersburg.

Am 20. Mai 1829 verließen die Reisenden Petersburg - ausgerüstet vom Kaiser - zusammen mit einem Bergbeamten, einem Mann namens Menschenin, der zu ihrer Verfügung stehen und ihre Wünsche erfüllen sollte. Sie fuhren von Moskau bis nach Nishni Nowgorod, wo sie ein Schiff nahmen und die Wolga hinab bis nach Kazan segelten, wo sie bei Bulghar die Ruinen und Höhlen der alten Hauptstadt der Mongolen erforschten.

Dann reisten sie über Perm nach Jekaterinburg, das am Fuße des Uralgebirges liegt, und hielten sich dort einen Monat lang auf; sie erforschten die Eigenschaften der hohen Berge, die sich von Norden bis Süden erstrecken und deren Gipfel 5000 Fuß über der Meeresfläche erreicht. Sie untersuchten den Boden, die Schichtung der Gesteine sowie die Gold- und Platinerze.

In Gumeschewskoi erforschten sie die Malachitgruben, den magnetischen Berg in Blagodad und die Topas- und Beryllager in Mursinsk. Von dort aus fuhren sie über Tjumen nach Tobolsk und dann über Tara und durchquerten die große Steppe von Baraba.

Am 2. August erreichten sie Barnaul am Fluß Ob und erforschten den Kolywansee, die Silberbergwerke auf dem Schlangenberg bei Riddresk am Fuß des Altaigebirges. Die Höhe dieses Berges erreicht die Höhe des Ätnas. Dann fuhren sie über die Festung Ust-Kamenogorsks bis zur Grenze Chinas. Sie überquerten die Grenze und gelangten in die Gegend nördlich der Dsungarei.

Auf dem Rückweg durchquerten sie die Steppe Ischim, so daß sie Ende September [1829] in Orenburg ankamen. Dort fanden sie einen Landforscher mit Namen Gens, der oftmals Innerasien bereist hatte und Humboldt vieles über die Eigenschaften des Landes erzählen konnte, darunter Dinge, die Humboldt sehr interessierten und die er deswegen nicht mehr selber erforschen mußte.

Dann gingen sie nach Ilezk, dem Aufenthaltsort der Kosaken im Uralgebiet. Sie untersuchten dort die Salzminen und fuhren zum Wohnsitz der Deutschen an der Wolga im Gouvernement Saratow und am salzigen Eltonsee.

Mitte Oktober erreichten sie Astrachan und ruhten sich dort aus. Am Kaspischen Meer untersuchten sie die Wassereigenschaften und Fischarten, sie nahmen eine Serie von barometrischen Messungen vor und kehrten dann nach Moskau zurück. Petersburg erreichten sie am 13. November, wo sie auf ihr Gepäck und ihre Sammlungen warteten und sich bei dem Kaiser für seine Gunst herzlich bedankten.

Am 28. Dezember [1829] langten sie in Berlin an, neun Monaten nach ihrer Abfahrt von dort und einer Reise von 2500 Meilen! Eine große Entfernung für einen 60jährigen Mann.

Die Neuigkeiten, welche Humboldt auf dieser Reise über die Geowissenschaft gesammelt hatte, haben einen großen Wert. Sie wurden später in zwei Bänden mit dem Titel *„Fragments de Géologie et de Climatologie Asiatique"* veröffentlicht. Der erste Band erklärt die Ausdehnung der hohen Gebirge, die Eigenschaften der Vulkane und der luft- und schlammspeienden Berge in Amerika und Asien, Breiten- und Längenmessungen mancher Orte in Asien und die Höhe mancher Orte bezüglich der Meeresfläche.

Im zweiten Teil schreibt Humboldt von Temperaturen, der Luftfeuchtigkeit und den Gründen für die Abweichung der Isothermen von den Parallelkreisen.

Außerdem scheint es, daß die Untersuchungen und Experimente, welche er in Asien vornahm, seine Reiseforschungen von Amerika ergänzten, denn Humboldt war imstande, die Forschungsresultate zu generalisieren und Naturgesetze zu erkennen.

Der weise Rose schrieb auch ein Buch über die Wissenschaft der Reise. Auch Ehrenberg schrieb ein Kapitel in dem Buch über die Wissenschaft der Pflanzen und Tiere. Das gesamte Buch heißt *„Reise nach dem Ural, dem Altai und dem Kaspischen Meere, auf Befehl Sr. Majestät des Kaisers von Rußland im Jahre 1829, ausgeführt von A. v. Humboldt, G. Ehrenberg und G. Rose"*.

Humboldt erkannte, daß seine Untersuchungen in Asien, dem größten Kontinent der Erde, sehr viel Nutzen und Wissen für die Menschheit bringen könnten. Deshalb weckte er in Sibirien das Interesse der Wissenschaftler, selber die Temperatur und Feuchtigkeit der Luft während des Jahres zu untersuchen und darüber Bücher zu schreiben.

In Europa hatte er schon erfolgreich das Interesse der Gelehrten und Wissenschaftler geweckt, so eine Art von Experimenten selber zu unternehmen. Er schlug dies in der Akademie von Petersburg vor, und tatsächlich befahl Kaiser Nikolaus, physikalische Observatorien an verschiedenen Orten von Asien zu gründen. Diese Orte sollten von sachverständigen Forschern ausgewählt werden, und ihre Aufgabe war es auch, mit genauen Instrumenten das Gewicht und die Feuchtigkeit der

Luft, die Temperatur, die Windrichtungen, die magnetische Stärke usw. täglich zu messen.

Die Messungen sollten jedes Mal zu einer auswertenden Forschergruppe geschickt werden, die sie untersucht und jährlich die Resultate veröffentlicht.

Die Wichtigkeit dieser Arbeitsmethode führt uns Humboldt in seinem 1843 [in Paris] veröffentlichten Buch vor Augen, welches wichtige Folgerungen in den 12 Jahren seit der Gründung dieser Observatorien gezogen hatte. Der Titel des dreibändigen Buches lautet: *„Asie Centrale, Recherches sur les chaines de montagnes et la climatologie comparée. Paris 1843"*.

In diesem Werk vertieft er die Wissenschaft des Landes auf eine wunderbare kluge Weise. Jeder gebildete Mann, der in diesem Fachbereich tätig ist, bewundert die Klugheit und Begabung Humboldts, eine Verbindung auch zwischen ganz entfernten Ursachen und Wirkungen herzustellen, alle Dinge von ihrem Ursprung an zu erforschen, als hätte alles eine gemeinsame Quelle; dadurch entdeckt er die Geheimnisse der Natur und die Geschichte der Erde.

Im Jahre 1835 verschied Humboldts älterer Bruder Wilhelm. Alexander trauerte sehr um ihn, denn er liebte ihn innig. Humboldt nahm die hinterlassenen Unterlagen seines Bruders und veröffentlichte sie zur gleichen Zeit wie sein eigenes Werk *„Examen critique de l'histoire de la géographie du Nouveau Continent et du progrès de l'astronomie nautique au XV et XVI siècles"*, das später von Ideler ins Deutsche übersetzt wurde.

Auch der Tod Friedrich Wilhelms III., König von Preußen, betrübte Humboldt, da er ihm immer sehr nah gestanden hatte. Humboldt tröstete sich, als der Thronfolger Friedrich Wilhelm IV. König wurde, da sich die beiden auch sehr gut verstanden.

Humboldt wurde sein Ratgeber und leistete ihm täglich Gesellschaft – eine große gegenseitige Ehre. Der König stiftete einen neuen Orden, die Friedensklasse des Ordens „Pour le mérite", zu welchem nur die größten Gelehrten und Künstler Deutschlands [und des Auslands] gehörten; und Humboldt, der begabteste Mann seiner Generation, wurde zum Kanzler dieses Ordens ernannt.

Alexander von Humboldt lebt noch unter uns. Sein Wohnsitz ist Berlin und er ist 88 Jahre alt. Seine Augen sind noch nicht trübe geworden, und seine Lebenskraft ist immer noch stark, die Größe seiner Vernunft, die Tiefe seiner Weisheit und seine Kraft haben an nichts verloren. Er liebt und respektiert die Gelehrten, er ist hilfsbereit für jeden, gerecht und bescheiden, und lebt in Frieden mit jedermann.

Alexander von Humboldt und die Juden

von Peter Honigmann

1. Einleitung. Ein Nachruf als Ausgangspunkt

Moritz Steinschneider, einer der Väter der Wissenschaft des Judentums, erwähnt 1859 in seinem Nachruf auf Alexander von Humboldt[1] einen kurz zuvor gehörten Vortrag des aus Polen gebürtigen jüdischen Humboldt-Biographen Julius Löwenberg vor der polytechnischen Gesellschaft in Berlin.

Löwenberg hat dort „Humboldts Jugendleben mit geistreichen Hinweisungen auf die Kulturgeschichte jener Zeit gezeichnet, und dabei sehr taktvoll ein anderes, weniger bekanntes Verhältnis Humboldts zu den Juden berührt, nämlich den Einfluß, welchen die jüdische Intelligenz Berlins auf Humboldts Geist und Charakter ausgeübt, und die persönlichen bis zu seinem Ende treu bewahrten Beziehungen zu den hervorragendsten jüdischen Familien."

Ohne sich in Einzelheiten zu verlieren, fügt Steinschneider die knappe Bemerkung hinzu, Humboldts Verhältnis zu Juden sei „ein Thema, worüber ein ganzes und nicht uninteressantes Werk geschrieben werden könnte."

Was Steinschneider an Humboldt interessierte, war dessen Engagement für die Emanzipation der Wissenschaft von der Bevormundung durch die Theologie. In Hinblick auf Humboldts Alterswerk, den *Kosmos*[2], sagt er: „Die Herrschaft der Theologie über die »profanen« Wissenschaften bezeichnet das Mittelalter, welches im *Kosmos* gründlich überwunden ist." Nicht ohne weiterreichende Absicht setzte er schon an den Anfang seines Nachrufs die seinerzeit wie ein Sprichwort verwendete Formulierung: „Humboldt starb nicht einer, sondern der Wissenschaft". Für ihn war Humboldt der Anwalt des Begehrens nach Wissenschaftlichkeit schlechthin und damit auch im speziellen ein Anwalt der Wissenschaft des Judentums, die sich mehr noch als die in der europäischen Kultur bereits etablierten Wissenschaften in einem Emanzipationskampf befand. Ihre Vertreter hatten sich in Auseinandersetzungen nach zwei Seiten zu behaupten. Nach innen gerichtet ging es darum, die Berechtigung wissenschaftlicher Tätigkeit überhaupt gegen die traditionelle Dominanz eines ausschließlich talmudisch orientierten Lernens zu erringen, und nach außen, gegenüber der europäischen Kultur, ging es um die Anerkennung eines Wissens vom Judentum als Bestandteil eben dieser Kultur. Und für beide Richtungen kann Steinschneider Humboldts Unterstützung und Fürsprache in Anspruch nehmen. Mit Recht verweist er auf einen Humboldt, der die Ideen der modernen Wissenschaft in jüdische Häuser getragen und jeglichen Ansatz zu wissenschaftlicher Tätigkeit unter Juden gefördert hat und der schließlich nach außen hin das Recht der Juden auf gleichberechtigte Teilnahme am allgemeinen wissenschaftlichen Leben verteidigte. Humboldt vertrat nicht nur ihre Teilnahme als Menschen, sondern auch als Juden an der europäischen Kultur, und trat deshalb nicht nur gegen den auf jüdische Intellektuelle ausgeübten Taufdruck auf, vielmehr akzeptierte er folgerichtig und mit innerer Selbstverständlichkeit auch die kulturellen Errungenschaften der jüdischen Vergangenheit als Bestandteile der Menschheitskultur und ließ damit der jüdischen Geschichte das angedeihen, was Steinschneider ‚historische Gerechtigkeit' nannte.

Wie bereits durch den zitierten Hinweis auf Löwenbergs Vortrag angedeutet, sind bei Humboldts Verhältnis zu Juden nicht nur Auswirkungen auf der jüdischen Seite zu bemerken gewesen. Das gesellige und geistige Leben der jüdischen Kreise, in denen Humboldt verkehrte, hatte in seiner Jugend Einfluß auf seine Bildung ausgeübt und blieb später ein stetes Element der Anregung und Bestandteil seiner geistigen Heimat. Es ist bezeichnend, daß die erste überlieferte Berührung Humboldts mit Juden durch den Ruf der physikalischen Vorlesungen zustande kam, die der Berliner Arzt Markus Herz in seinem Hause vor einem recht vornehmen Publikum hielt.[3] Wenn man Humboldts historische Bedeutung nur in dem einen Satz zusammenfassen möchte, daß er ganz entscheidend daran beteiligt war, die Naturwissenschaften im übertragenen und direkten Sinn des Wortes salonfähig zu machen, dann läßt sich ahnen, welcher Grad der Übereinstimmung und der gegenseitigen Beeinflussung zwischen Humboldt und dem aufgeklärten jüdischen Bürgertum seiner Zeit bestanden haben muß. Ohne hier auf die Vielzahl biographischer Einzelheiten ausführlich eingehen zu wollen, mögen anhand einiger Schwerpunkte lediglich die für das Gesamtverständnis von Humboldts Verhältnis zu Juden wesentlichen Grundpositionen Humboldts zur Sprache kommen. Bei A. v. Humboldts Verhältnis handelt es sich nun in ganz besonderer Weise nicht um ein spezielles Engagement, das, wie bei seinem Bruder Wilhelm vielleicht, einen relativ selbständigen Abschnitt seines Lebenswerkes ausmacht. Alexander hat im Gegensatz zu Wilhelm nicht an einer Judengesetzgebung mitgearbeitet. Ein bestimmtes Verhältnis zu Juden war vielmehr ein permanenter, fast selbstverständlicher Bestandteil seines Lebens und Schaffens. Es gibt eine Fülle kleinerer oder größerer Begegnungen und Ereignisse, in denen sein Verhältnis zum Ausdruck kommt. Die isolierte Heraushebung dieser Momente unterliegt der Gefahr einer Verfälschung des gesamten Bildes. Denn Humboldt war nicht ambitioniert in seinem Verhältnis zu Juden, er verfolgte keine Pläne mit ihnen oder für sie, er war eben kein Politiker oder Theoretiker der Judenfrage, auch wenn er von jüdischer Seite mitunter gerne so gesehen wurde.[4]

Humboldt suchte zuweilen den Umgang mit Juden, fand Freunde und Gleichgesinnte unter ihnen, und was er tat oder schrieb war nur Ausdruck dieser Beziehungen. Er setzte sich für diesen oder jenen seiner Freunde oder Kollegen persönlich ein, oder er empörte sich mehr oder weniger öffentlich, daß man Menschen, die er schätzen gelernt hatte, gewisse staatsbürgerliche Rechte vorenthielt.

Da, wo sich Humboldt auf eine theoretische oder wissenschaftliche Ebene begibt, läßt er den Juden die Achtung eines alten Volkes zukommen, dessen Geschichte und Religion ebenso wie Geschichte und Religion anderer Völker von allgemeinem kulturellem Interesse sind und respektiert zu werden verdienen. Dem aufkommenden Rassismus tritt er von einer grundsätzlichen Position entgegen, aus der gleichermaßen die Verteidigung der Indianer, Neger oder Juden folgt und die von Humboldt bei entsprechenden Anlässen jeweils artikuliert wurde.

Die gewollte oder ungewollte Berührung mit Juden forderte mehr oder weniger direkt zu einer Stellungnahme in bezug auf die besondere Situation der Juden in der Diaspora heraus. Gekennzeichnet ist diese Situation durch eine im Laufe der Geschichte immer andere Formen annehmende Spannung zwischen Beharrung in der Eigenständigkeit auf der einen Seite und Anpassung an die Umgebung auf der anderen Seite. Das Festhalten an einer uralten national-religiösen Tradition gerät im Bereich des christlichen Europa stets mit dem universal-religiösen Anspruch der Tochterreligion in Konflikt. Die jahrhundertelang aufrechterhaltene Ablehnung jeder Vermischung setzt die Andersartigen den Klassifikationsversuchen moderner Rassentheoretiker aus. Und der sich entwickelnde Geltungsanspruch einer jüdischen Nationalgeschichte kann neben dem neuen Nationalgefühl der europäischen Völker nur schwer einen Platz finden. Das Verhältnis zu den jüdischen Identitäts- und Integrationsproblemen in Deutschland zu Beginn des 19. Jahrhunderts ist also wesentlich abhängig von der allgemeinen Position in bezug auf solche Begriffe wie Rasse, Volk, Menschheit und Religion.

2. Einheit in der Vielheit als philosophische Grundposition

Humboldt ist oft zu Unrecht als letzte große enzyklopädische Gestalt bezeichnet worden, zu Unrecht deshalb, weil der Begriff des Enzyklopädischen dem für Humboldt charakteristischen Bemühen, über das beziehungslose Nebeneinander zu einer organischen Einheit in der Wissensfülle zu gelangen, nur ungenügend Rechnung trägt. Am deutlichsten bringt er seine Auffassung vom Kosmos als einer Einheit in der Vielheit vielleicht in seinem Alterswerk zum Ausdruck, obgleich es klare Äußerungen derselben Haltung schon aus früherer Zeit gibt. So schrieb der Dreißigjährige kurz vor dem Aufbruch zu seiner großen amerikanischen Expedition aus Madrid an seinen Freund David Friedländer in Berlin:

„Ich werde Pflanzen und Tiere sammeln, die Wärme, die Elastizität, den magnetischen und elektrischen Gehalt der Atmosphäre untersuchen, sie zerlegen, geographische Längen und Breiten bestimmen, Berge messen – aber dies alles ist nicht Zweck meiner Reise. Mein eigentlicher, einziger Zweck ist, das Zusammen- und Ineinander-Weben aller Naturkräfte zu untersuchen, den Einfluß der toten Natur auf die belebte Tier- und Pflanzenschöpfung."[5]

Hier ist in dem jungen Manne schon der Autor des fast ein halbes Jahrhundert später entstandenen *Kosmos* zu erkennen.

In diesem Werk nun spricht Humboldt gleich auf den ersten Seiten seine Philosophie in Hinblick auf die Naturwissenschaften aus: „Die Natur ist für die denkende Betrachtung Einheit in der Vielheit."[6] Es ist dies ein Streben nach Zusammenfassung des Isolierten zu einer Ganzheit, zu einer Wirkungseinheit, die nicht gegen das Fortbestehen der Individualität jedes einzelnen Teiles, vielmehr gerade wegen seiner dem Ganzen zugewandten Besonderheit zustande kommt. Der „harmonische Einklang" kann nur dann einen inneren Reichtum enthalten, wenn jedes Individuelle für sich zum Klingen kommt. Der weniger durch den Gehörsinn bestimmte Humboldt entwickelte seine Auffassung ausführlicher

50

in Anlehnung an optische Eindrücke. Dem Streben der Erkenntnis nach Zusammenfassung stellt er den Genuß gegenüber, den wir dem „individuellen Charakter einer Gegend" verdanken. Er entwickelt eine große Begeisterung für Landschaftsmalerei, die mit der „Darstellung individueller Naturformen" nicht nur Anschaulichkeit, sondern auch „Naturwahrheit" erreicht. Am Abhang der schneebedeckten Anden oder in den Urwäldern am Orinoco begeistert ihn die „Üppigkeit und Mannigfaltigkeit der Vegetation". Man könnte fast von einer ästhetischen Schwärmerei für das Individuelle in seiner Fülle sprechen.

Demgegenüber macht sich aber immer wieder der Wissenschaftler geltend. Aufgabe des physischen Forschens sei es, „die Einzelheiten prüfend zu sondern und doch nicht ihrer Masse zu unterliegen, der erhabenen Bestimmung des Menschen eingedenk, den Geist der Natur zu ergreifen, welcher unter der Decke der Erscheinungen verhüllt liegt."

Diese Gleichzeitigkeit von erkennender Zusammenfassung des Individuellen zu einer Allgemeinheit und Freude an der besonderen Gestaltung jedes für sich Gewachsenen ist charakteristisch. Es ist dies das Grundelement einer Denk- und Verhaltensweise, die nicht nur den Naturforscher Humboldt leitet, die auch sein Verhältnis zu Völkern, ethnischen Gruppen und Religionen bestimmt. Alle Sonderungen sind ihm nur Hervorbringungen der einen Menschheit, die ihren wirklichen Reichtum erst in der Vielzahl ihrer Erscheinungen erlebt.

Der Tendenz zur Trennung oder gar hierarchischen Ordnung der verschiedenen Massen oder Gruppen der Menschheit stellt er den Gedanken der letztendlichen Einheit des Menschengeschlechts gegenüber, und jedes Streben gleichmacherischer Herrschaftsordnung nach Aufhebung des Spezifischen und Besonderen der historisch-ethnischen Gebilde läuft seinem Gefühl für die Schönheit und innere Würde des Individuellen entgegen. Diese Haltung, die noch sehr vom Geist der Aufklärung geprägt ist, bewährte sich gegenüber den Juden in ihren beiden Ausprägungen, d. h. sowohl als Verteidigung ihrer Zugehörigkeit zur europäischen Kultur als auch ihres Anspruchs auf Besonderheit.

Als der preußische König Friedrich Wilhelm IV. 1842 Pläne zur Wiederbelebung der Ständeordnung entwarf, erhob A. v. Humboldt deutlich hörbar seine Stimme, um auf die Bedenklichkeit einer erneuten Ausschließung der Juden hinzuweisen. An den Minister Graf Stolberg-Wernigerode schrieb er:

„... so halte ich die beabsichtigten Neuerungen nach meiner innigsten Überzeugung für höchst aufregend, mit allen Grundsätzen der Staatsklugheit streitend, zu den bösartigsten Interpretationen der Motive veranlassend, Rechte raubend, die durch ein menschlicheres Gesetz des Vaters bereits erworben sind und der Milde unseres jetzigen Monarchen entgegen. Es ist eine gefahrvolle Anmaßung der schwachen Menschheit, die alten Gesetze Gottes auslegen zu wollen. Die Geschichte finsterer Jahrhunderte lehrt, zu welchen Abwegen solche Deutungen den Mut geben."[7]

So, wie hier Humboldt gegen den Versuch einer gewaltsamen Absonderung der Juden aus der Gesellschaft Stellung bezieht, konnte er die andere Tendenz desselben Staatswesens, Juden die Teilnahme am öffentlichen Leben lediglich um den Preis der Selbstverleugnung zu gestatten, nur geschmacklos und unwürdig finden.

Er setzte sich mehrfach mit Erfolg dafür ein, daß Juden unter Beibehaltung ihres religiösen Bekenntnisses in akademische Positionen gelangten, die ihren wissenschaftlichen Leistungen entsprachen. 1842 wurde der Physiker Peter Theophil Riess durch Humboldts maßgebliche Unterstützung als erster ungetaufter Jude Mitglied der Preußischen Akademie der Wissenschaften. Dem jüdischen Mediziner Robert Remak verhalf Humboldt 1847 zur Privatdozentur an der Berliner Universität, was ebenfalls als Präzedenzfall galt. Für Humboldt gab es keinen Zweifel an der Zugehörigkeit der Juden zur europäischen Kultur. Der Versuch, sie aus diesem Kreis auszugrenzen oder ihre Teilnahme nur um den Preis offener Selbstverleugnung zu gestatten, mußte ihm nicht nur ungerecht und würdelos, sondern auch als bedenkliche Verarmung dieser Kultur erscheinen.

Wenn von Humboldts Verteidigung der jüdischen Teilnahme am allgemeinen Leben unter Beibehaltung eines jüdisch Besonderen die Rede ist, muß man sich Rechenschaft darüber ablegen, unter welcher Gestalt dieses Besondere in Humboldts Gesichtskreis eintrat. Die Berührung mit Juden war für Humboldt vor allem ein Berliner Erlebnis. Dort verkehrte er in den Kreisen alteingesessener, relativ wohlhabender deutscher Juden, die mit der europäischen Kultur nicht nur vertraut waren, sondern deren Häuser Zentren des kulturellen Lebens bildeten. Wenn er mit wenigen Worten eine Charakteristik der Stadt geben wollte, so blieb eben diese jüdische Schicht nicht ungenannt. 1829, während seiner Reise nach Rußland, schrieb er z. B. in einem Brief an seinen Bruder über eine Gegend zwischen Königsberg und Riga:

„Wenn Schinkel dort einige Backsteine zusammenkleben ließe, wenn ein Montagsklub, ein Zirkel von kunstliebenden Judendemoiselles und eine Akademie auf jenen mit Gestrüpp bewachsenen Sandsteppen eingerichtet würde, so fehlte nichts, um ein neues Berlin zu bilden."[8]

A. v. Humboldts Beziehungen zu Juden sind nun nicht auf Berliner Juden beschränkt. Er lernte in Berlin z. B. auch weniger wohlhabende polnische Juden kennen, wie etwa seine späteren Biographen Julius Löwenberg oder Chaim Selig Slonimski, und es lassen sich, angefangen von Heine und Börne über Meyerbeer bis zu Koreff, auch zahlreiche Kontakte nennen, die er in Paris hatte. Aber einerseits gehörte der Einfluß des polnischen Judentums natürlich zum Berliner jüdischen Klima dazu, und andererseits hingen Humboldts Pariser Begegnungen sehr eng mit den Berliner Kontakten zusammen; oft handelte es sich um Menschen, die, wie er selbst, in beiden Städten zu Hause waren.

Das Besondere der Lage der Berliner Juden bestand zu Humboldts Zeit in dem Widerspruch zwischen ihrer praktischen Zugehörigkeit zu den sozial und kulturell führenden Kreisen der Gesellschaft und der Weigerung dieser Gesellschaft, diese Zugehörigkeit auch mit allen Konsequenzen wirklich anzuerkennen. Die Ablehnung der Juden war in der damaligen Situation vor allem auf ihr anderes religiöses Bekenntnis fixiert. Die Erlangung einer Professur z. B. war für einen Juden solange unmöglich, wie er an seiner Religion festhielt. Mit der Taufe lösten sich alle Schwierigkeiten, und der Weg zu einer erfolgreichen akademischen Laufbahn stand offen. Humboldts Eintreten für Juden ist zu großen Teilen ein Engagement gegen diesen Taufdruck gewesen, der viele jüdische Wissenschaftler in die größten Gewissenskonflikte gebracht hat. Erst in Humboldts Todesjahr, 1859, wurde in Deutschland zum ersten Mal ein Lehrstuhl an einen Juden vergeben, ohne daß dieser sich zur Taufe bereit gefunden hatte.

Nach dem allgemeinen Zusammenbruch religiösen Bewußtseins überhaupt und nach dem nachhaltigen Eindruck, den antisemitisches, biologisch orientiertes Rassedenken auf unser Jahrhundert gemacht hat, ist es heute kaum noch vorstellbar, mit welcher Vollständigkeit und mit welchem Grad allgemeiner Anerkennung sich in der ersten Hälfte des

19. Jahrhunderts ein Jude durch die Taufe in einen Nichtjuden verwandelte. Um einen gewissen Begriff davon zu vermitteln, sei hier eine Begebenheit aus Humboldts Wirkungskreis mitgeteilt. Friedrich Wilhelm IV. hatte 1842 die Idee, eine Friedensklasse des Ordens *Pour le mérite* für Wissenschaftler und Künstler zu stiften. Humboldt wurde zum Kanzler dieses Ordens berufen und hatte an der Ausarbeitung der Statuten maßgeblichen Anteil. In der Vorbereitungsphase wurde auch lange um die Namensliste der ersten zu ernennenden Ordensritter gerungen. In diesem Zusammenhang gibt es einen bemerkenswerten Brief von Humboldt an den König. Er bittet ihn darin, nicht nur den Christen Felix Mendelssohn zu ernennen, sondern weist auf die Notwendigkeit hin, auch den Juden Meyerbeer zu berücksichtigen, um dem Volk das Gefühl zu geben, „daß der Monarch über alle kleinlichen Ansichten erhaben steht."[9] Felix Mendelssohn-Bartholdy stammte nun aus einer ebenso bekannten jüdischen Familie wie Giacomo Meyerbeer, war jedoch im Unterschied zu diesem schon als Kind getauft worden. Dieser Unterschied ist heute den wenigsten bewußt, damals jedoch war er entscheidend.

Humboldts Vorschlag wurde akzeptiert und erzielte in der Öffentlichkeit auch die beabsichtigte Wirkung. So liest man in der *Frankfurter Ober-Postamtszeitung* kurz nach der offiziellen Gründung des Ordens:

„Mit der herzlichsten Freude ist jeder Freund des Fortschritts dadurch erfüllt worden, daß weder auf den Glauben, noch auf die politische Richtung Rücksicht genommen worden ist. Wo ein Jude zum »stimmfähigen Ritter aus der deutschen Nation«, wo ein Mitglied der äußersten Linken der französischen Deputiertenkammer zum »ausländischen Ritter« ernannt wird, da hat es keine Not mehr."[10]

Mit dem Juden ist hier nur Meyerbeer gemeint, Felix Mendelssohn-Bartholdy galt als Christ, seine Ernennung erregte kein Aufsehen.

Diese Geschichte kennzeichnet zweifellos die allgemeine Situation. Es darf jedoch nicht übersehen werden, daß auch zu Humboldts Lebzeiten schon Anzeichen einer Tendenz zu spüren waren, Juden nicht nur wegen ihrer Religion, sondern darüber hinaus auch wegen ihrer Abstammung anzugreifen. So sah sich Humboldt z. B. 1830 veranlaßt, einen getauften Juden in einer fachlichen Auseinandersetzung vor Beleidigungen in Schutz zu nehmen, die wir heute als antisemitische Übergriffe bezeichnen würden. Es handelte sich um den Sinologen Carl Friedrich Neumann (1793-1870), der während seines Studiums in München zum Protestantismus übergetreten war.

Neumann hatte ein Verzeichnis der chinesischen Handschriften und Bücher angefertigt, die Humboldt 1829 von seiner Reise nach Rußland und Sibirien bis an die chinesische Grenze im Altai mitgebracht hatte. Wegen dieses Verzeichnisses nun wurde Neumann von seinen Kollegen angegriffen. Humboldt war durchaus nicht in der Lage, die sinologischen Fachfragen zu entscheiden, aber er wußte wohl, daß die wenigen, die sich mit chinesischer Literatur beschäftigen, „sich gegenseitiger Unwissenheit zeihen".[11] Und als die Äußerungen selbst das für damalige Verhältnisse übliche Maß einer fachlichen Polemik überschritten, wandte er sich in einem Brief an den Herausgeber der Spenerschen Zeitung:

„Da ich vor allem die Publizität liebe, wünsche ich, daß die Fehler von Herrn Neumann korrigiert werden, daß er als Sinologe angegriffen werde, aber nicht als semitische Person, was mir weder gerecht noch unseres Jahrhunderts würdig erschiene, das wir als aufgeklärt zu rühmen wagen."[12]

Der Antisemitismus als Bewegung zur Ausgrenzung der Juden aus dem Verband der nationalen Kultur wegen ihrer durch Vererbung erworbenen Eigenschaften formierte sich erst gegen Ende des 19. Jahrhunderts. Es handelte sich gewissermaßen um eine säkularisierte Form des bis dahin gepflogenen christlichen Antijudaismus. Das religiöse Element hatte aufgehört, das gesellschaftliche Leben zu bestimmen, es war bei Juden wie Nichtjuden zu einem äußerlichen Anhängsel geworden. Naturwissenschaftliche Ideen beschäftigten immer breitere Kreise. So verwandelte sich auch das an Juden feststellbare Besondere aus einem religiösen in ein angeblich rassisches Merkmal.

Es entspricht der inneren Logik dieser Wandlung, wenn A. v. Humboldt, der einen entscheidenden Anteil an der gesellschaftlichen Aufnahme naturwissenschaftlichen Denkens hatte, schon eine Epoche früher die Konsequenzen für die Beurteilung der „physischen Abstufungen des Menschengeschlechts"[13] mit einer gewissen Aufmerksamkeit verfolgt. Bereits der Dreiunddreißigjährige lehnt es ab, die Ursachen für das untergeordnete Dasein einer Volksgruppe in einer ererbten Disposition zu erblicken, vielmehr sucht er nach sozialen und politischen Erklärungsgründen. So vermerkte er während seiner Reise durch Südamerika in seinem Reisejournal:

„Man sagt, daß die Indios müßig und faul sind. Jeder Mensch ist es, der die Frucht seiner Arbeit nicht genießt ... Die Sklaverei und, was schlimmer ist als Sklaverei, dieser Geist der Bevormundung, in die ein falsches Mitleid den Indio gebracht hat und der jeder Art von Unterdrückung die Tür geöffnet hat, haben den Indio abgestumpft. Die Indios sind wie die Juden anzusehen, die Verfolgung und Fanatismus aus einer ehemals kriegerischen und fleißigen Nation in eine käufliche, kraftlose und müßige verwandelt haben. Was Dohm über die zivile Reform der Juden sagt, kann auf die Indios angewendet werden."[14]

Die Ungleichheit wird nicht als ererbt betrachtet, sie stellt sich vielmehr als das Produkt eines geschichtlichen Vorgangs dar und ist damit auf diesem Wege auch einer Veränderung zugänglich, was bei genetisch fixierten Merkmalen nicht denkbar wäre.

Dieselbe Haltung vertritt Humboldt auch noch ein halbes Jahrhundert später. Er polemisiert jetzt nicht mehr gegen ein unaufgeklärtes Volksbewußtsein im Schoße einer Kolonialmacht, diesmal befindet er sich einem der klassischen Rassentheoretiker gegenüber, der das ganze Register moderner wissenschaftlicher Forschungen für sich in Anspruch nimmt. Es handelt sich um den Grafen Arthur de Gobineau (1816-1882), französischer Diplomat, Reisender, Orientalist und Autor eines vierbändigen Werkes mit dem Titel *Essai sur l'inegalité des races humaines* (Paris 1853-1855). A. v. Humboldt, dem Gobineau die ersten beiden Bände gleich nach ihrem Erscheinen zugeschickt hatte, gibt seine Zweifel und den Gegensatz zu seinen eigenen Anschauungen in einem ausführlichen Antwortbrief zu verstehen. Dieser Brief ist ein erlesenes Zeugnis von Humboldts Kunst, selbst eine grundlegende inhaltliche Kritik auf eine derart höfliche und schmeichelhafte Weise zum Ausdruck zu bringen, daß der Empfänger sich des darin ausgesprochenen Urteils noch rühmen konnte.

Die literarische Berührung zwischen Humboldt und Gobineau war durch den österreichischen Gesandten in Berlin, Graf Anton von Prokesch-Osten (1795-1876) vermittelt worden. Den zur Rede stehenden

Humboldtschen Brief hat Prokesch dann gegenüber Gobineau mit den Worten erwähnt: „La lettre de Humboldt est très bonne et ostensible."[15] Prokesch muß sich nicht nur organisatorisch zwischen Humboldt und Gobineau befunden haben, sondern auch inhaltlich, unterhielt er doch zu den beiden so entgegengesetzten Persönlichkeiten jeweils gute Beziehungen. Parallel und unter dem gleichen Datum wie an Gobineau schrieb Humboldt deshalb auch einige Zeilen an Prokesch, die sein Urteil über Gobineaus Werk etwas direkter zum Ausdruck bringen. Er bezeichnet es als „sehr sehr geistreiches Buch ..., voll neuer Ansichten, die eine große Aufmerksamkeit verdienen", manches darin habe ihn jedoch „sehr bewegt" und in „Verwunderung gesetzt", sein Bruder und er seien „bisweilen sehr anderer Ansicht."[16]

Worin sich die Ansichten Humboldts von denen Gobineaus nun unterscheiden, geht aus dem Schreiben an Gobineau auch bei der höflichen Form noch mit einiger Deutlichkeit hervor:

„Ihre Untersuchungen über den Einfluß, den die Mischung der Rassen auf die bestimmende Richtung von Entwicklungsabschnitten der Intelligenz und des Charakters ausübt, sind von der allergrößten Wichtigkeit. Unsere Ansichten gehen vielleicht nur in der Angabe der Ursachen auseinander, die solche großen Wirkungen hervorgebracht haben, Ursachen, die Sie als ursprünglich und organisch betrachten. Ich habe häufig das Wort des Tacitus wiederholt »Es ist bleibend des Ursprungs Kraft«. Sie zweifeln sehr an dem Einfluß des Klimas, ich glaube wie Sie, daß man ihn außerordentlich übertrieben hat. Die einmal festgelegten Typen ändern sich nicht bei den Wanderungen durch die unterschiedlichsten Regionen. Ich war ein wenig erstaunt, welch geringen Einfluß Sie der Art der Regierung und der Form der Institutionen auf die Entwicklung der geistigen Fähigkeiten zuerkennen. Sie wissen, daß man mich beschuldigt, davon zu viel zu halten ... Da ich vier Jahre lang in den Ländern der Sklaverei in beiden Amerika häufige Berührung mit der schwarzen Rasse hatte, bin ich sehr weit davon entfernt zu glauben, »daß der Neger wegen seiner stumpfen Geisteshaltung unfähig ist, sich über das bescheidenste Niveau zu erheben, von dem Augenblick an, wo er nachdenken und kombinieren muß ...«."[17]

Der den Rassen-Theorien anhängende Ludwig Schemann kommentiert Humboldts Äußerung, indem er zwischen dem als unabhängigen Naturforscher urteilenden Humboldt und dem Weltweisen unterscheidet, der sich unter dem Einfluß seines Bruders befindet. Der Naturforscher Humboldt stehe Gobineaus Anschauung von der großen Rolle der Rassen durchaus nahe und der Humanist Humboldt fühle sich durch den Gedanken von der Einheit der Menschheit stärker bewegt. Das eine sei mehr der junge Humboldt zur Zeit der amerikanischen Reise, das andere mehr der späte Humboldt, der Autor des *Kosmos*. Abgesehen davon, daß Humboldt schon im Reisewerk, insbesondere im Band über Kuba, sehr deutlich hörbar seine humanistischen Ansichten über das Problem der Sklaverei ausgesprochen hat, ließe sich an seinen erst vor wenigen Jahren publizierten Tagebuchnotizen von der amerikanischen Reise noch eindringlicher die Kontinuität seiner Haltung nachweisen. Die oben zitierte Stelle ist nur ein erster Hinweis.

Dieser Tendenz des theoretisierenden Rassismus, den Naturwissenschaftler Humboldt für sich zu beanspruchen und den Humanisten Humboldt in die Schranken zu weisen, begegnen wir auch zur Zeit des Faschismus. So zitiert der spätere Leiter der Forschungsabteilung Judenfrage des Reichsinstituts für Geschichte des neuen Deutschland, Wilhelm Grau, 1935 in seiner Habilitationsschrift eine Äußerung Humboldts aus der *Reise in die Äquinoktial-Gegenden* über die Beständigkeit des Rassencharakters gegenüber klimatischen Einflüssen und bemerkt dazu: „Trotz dieser Erkenntnis hat der große Naturforscher daraus keine Folgerungen gezogen."[18]

Derartige Versuche, Humboldt, dem die Einheit des Wissens von Anfang an das edelste Ziel all seiner Bestrebungen war, in akzeptable und ungültige Schichten zerlegen zu wollen, heißt ihn vollständig mißzuverstehen. Seine Größe bestand gerade darin, die Beziehung zwischen naturwissenschaftlichem und humanistischem Denken aufrechterhalten zu haben. Humboldt lehnt es nicht ab, über die physischen Unterschiede verschiedener Menschengruppen nachzudenken, es ist dies sogar ein Gebiet, das ihn außerordentlich interessiert. Aber er kennt die Möglichkeiten und Grenzen der Forschung, und er ahnt die Gefahren einer allzu leichtfertig in manche Wissensgebiete hineingelegten Sicherheit. Am späten Abend seines Lebens erblickt er das Hauptresultat der modernen Forschungen über Sprachen und Abstammung der Völker in der Lehre,

„daß eine große Vorsicht in dieser Vergleichung der Völker ... anzuwenden sei ... Wie in allen Gebieten idealer Spekulation, steht ... auch hier die Gefahr der Täuschung neben der Hoffnung einer reichen und sicheren Ausbeute."[19] Und so konnte er sein Urteil über Gobineaus *Essai sur l'inégalite des races humaines* in dem einen Satz zusammenfassen: „Un ouvrage ... opposé par son titre même à mes croyances surannées touchant »la distinction désolante de races supérieures et inférieures« ..."[20] (Ein Werk, ... schon durch seinen Titel meinen überholten Überzeugungen in bezug auf die unerfreuliche Annahme von höheren und niederen Menschenrassen entgegengesetzt). Humboldt spielt hier auf die französische Übersetzung[21] seiner vielleicht eindringlichsten Äußerung gegen den Rassismus an.

In der physischen Weltbeschreibung hat er es unternommen, den Leser von den fernsten Nebelflecken im Weltraum bis zu den kleinsten tierischen Organismen am Meeresgrund zu rühren. Und er beschließt sein Naturgemälde mit einer Bezeichnung der Grenze, zur Welt der Intelligenz, da wo die physischen Abstufungen des Menschengeschlechts in das Reich der vergleichenden Sprachwissenschaft, in die Regionen von Philosophie und Geschichte hinüberweisen. Bevor er die Grenze überschreitet und im zweiten Band des *Kosmos* die Weltgeschichte der Naturerkenntnis zu zeichnen beginnt, ist es ihm wichtig, das in der Naturbetrachtung durchgehaltene Prinzip von der Einheit in der Vielheit auch für die menschliche Gesellschaft auszusprechen:

„Indem wir die Einheit des Menschengeschlechts behaupten, widerstreben wir auch jeder unerfreulichen Annahme von höheren und niederen Menschenrassen. Es gibt bildsamere, höher gebildete, durch geistige Kultur veredelte, aber keine edleren Volksstämme. Alle sind gleichmäßig zur Freiheit bestimmt; zur Freiheit, welche in roheren Zuständen dem Einzelnen, in dem Staatenleben bei dem Genuß politischer Institutionen der Gesamtheit als Berechtigung zukommt."[22]

3. Polyphonie der Kulturen und Einheit der Menschheit

Für die Bestimmung von A. v. Humboldts Verhältnis zu Juden ist zu berücksichtigen, daß die jüdische Existenz in seiner Zeit und in seiner Nähe durch die dreifache Besonderheit der Religion, der Kultur und der Abstammung gekennzeichnet war. Die Andersartigkeit der Religion war offenkundig und hatte Auswirkungen auf die Erhaltung der ethnischen und kulturellen Identität. In dem Maße, wie die Religion an Bedeutung verlor, verlagerte sich das Problem der jüdischen Identität, sowohl bei den Juden als auch bei ihren Gegnern, auf die anderen Merkmale. Zu Humboldts Zeit stand die religiöse Spezifik noch im Vordergrund der Auseinandersetzungen, und es wird von Humboldts Stellung zu diesem Punkt noch ausführlicher die Rede sein. Im Moment genüge die Bemerkung, daß religiöse Fragen Humboldt weniger beschäftigten und er dadurch in seinem Verhältnis zu Juden schon auf Probleme und Aspekte reagierte, die sich zu seiner Zeit erst vorbereiteten.

Wir haben gesehen, daß Humboldt zu den ersten Ansätzen rassistischer Theorien und antisemitischer Äußerungen Stellung bezog. Ein gesellschaftliches Problem wurde der Antisemitismus erst ein halbes Jahrhundert später. Ebenso bringt Humboldt dem entstehenden jüdischen Nationalbewußtsein ein wohlwollendes Interesse entgegen, während eine wirkliche nationaljüdische Bewegung sich wiederum erst ein halbes Jahrhundert später formierte. Zu Humboldts Zeit begann die sich von der Religion ablösende Identifikation mit der Nation als Identifikation mit der nationalen Geschichte. Es war die Entstehungsepoche der Wissenschaft des Judentums. Ihre Vertreter rangen um Anerkennung im Kreis der etablierten, an allen Universitäten gepflegten Wissenschaften. Das erwachende nationale Bewußtsein der europäischen Völker konnte die Juden aber nur als Bekenner einer anderen Religion dulden. Die Aufgabe der nationalen Identität war die ausgesprochene oder unausgesprochene Bedingung der Emanzipation. Wenn Humboldt demgegenüber immer noch vom jüdischen Volk sprach, wenn er der Geschichte dieses Volkes, wie Steinschneider sich ausdrückte, historische Gerechtigkeit widerfahren ließ, dann sind dies Gründe, Humboldts Vorstellungen vom Zusammenleben verschiedener Stämme oder Völkerschaften, von ihrer Zusammenfassung zu größeren Kulturgemeinschaften im allgemeinen und in Hinblick auf die Juden im besonderen, eingehender zu betrachten.

Es war bereits die Meinung erwähnt worden, A. v. Humboldt hänge in seinen philosophischen und historischen Ideen wesentlich von seinem Bruder und überhaupt vom Weimarer Geist ab. Eine Verbindung mit und eine Orientierung an dieser Welt kann gar nicht bezweifelt werden. Problematisch wird es nur, wenn dieser Einfluß als mechanische Übernahme bestimmter Ansichten ohne wirklichen Zusammenhang mit den eigenen Erfahrungen und Gedanken interpretiert wird. Humboldt hat durchaus eine selbständige philosophische Arbeit geleistet, die mitunter zu Erweiterungen, ja selbst zu Gegensätzen führte. Bekannt ist die Auseinandersetzung mit Schiller um die Berechtigung der analytischen Methode als anderem Weg neben der vom Künstler vertretenen ganzheitlichen Schau zur Erfassung der Natur als Einheit.[23] Der Forschungsreisende machte aus seiner Perspektive Forderungen geltend, die den klassischen Harmonie- und Ganzheitsvorstellungen neue Dimensionen erschlossen. Es lag etwas in der Tendenz seiner weit ausgreifenden erd- und menschheitsgeschichtlichen Expeditionen, das über die Anhäufung von Tatsachen auch zu begrifflichen Horizonterweiterungen führte.

Die in Europa zentrierte und auf eine griechisch-römische Antike bezogene Welt- und Kulturhaltung war ihm zu eng geworden. Er hatte die Baudenkmale der Inkas gesehen und die magnetischen Erfindungen der Chinesen studiert, er hegte eine Zeitlang sogar Pläne, nach Mexiko auszuwandern. Sein Bild von der Frühzeit der Menschheit nährt sich nicht allein aus der Besinnung auf griechisch-römische Antike, die Anerkennung der kulturgeschichtlichen Bedeutung auch außereuropäischer Völker ist für ihn ganz wesentlich. Als er z. B. im zweiten Bande des *Kosmos* der Geschichte der Naturerkenntnis nachgeht, macht er bei der Behandlung des Naturgefühls im Altertum gleich zu Anfang gegenüber Schiller geltend, daß man in die Betrachtung von vornherein auch andere Völker und Kulturen einbeziehen müsse als nur Griechen und Römer:

„Auch dürfen wir es wohl eine beschränkte Ansicht nennen, unter dem Altertum, wenn dasselbe der neueren Zeit entgegengesetzt werden soll, immer nur ausschließlich die hellenische und römische Welt zu verstehen. Tiefes Naturgefühl spricht sich in den ältesten Dichtungen der Hebräer und Inder aus: also bei Volksstämmen sehr verschiedener, semitischer und indogermanischer Abkunft."[24]

Hier wird deutlich, weshalb diese Haltung von Bedeutung für sein Verhältnis zu Juden und jüdischer Geschichte ist. Für Humboldt waren die Juden wie eine Farbe im Spektrum der Völker, es fehlte ihm etwas an der Buntheit des Nationenlebens, wenn dieses eine Volk ignoriert wurde. Und die Selbstverständlichkeit, mit der er in dem Kapitel über dichterische Naturbeschreibung längere Ausführungen über hebräische Poesie[25] in die Nachbarschaft von Naturbetrachtungen christlicher Kirchenväter, ritterlicher Poesie deutscher Minnesänger, Zeugnissen indischer und persischer Literatur stellt, hat unter seinen jüdischen Zeitgenossen Anlaß zu zahlreichen Bekundungen der Dankbarkeit gegeben. Der vom Szegediner Oberrabbiner Leopold Löw verfaßte Nachruf auf Humboldt zum Beispiel besteht fast ausschließlich aus einem vollständigen Zitat dieser fünf Seiten über hebräische Naturlyrik.[26]

Jüdische Tradition gleichberechtigt neben der Tradition anderer Völker behandelt zu sehen, entsprach der Vorstellung von Emanzipation dieser Autoren. In der Tat ist Humboldt dem jüdischen Bedürfnis nach allgemeiner Anerkennung weit entgegengekommen. Es war für einen christlichen Schriftsteller damals wahrscheinlich nicht üblich, die Psalmen nach der „trefflichen Übertragung von Moses Mendelssohn"[27] zu zitieren. Humboldt war sich der Spezifik seines Verhaltens wohl bewußt, paraphrasierte er doch sein Werk in einem Brief an Alexander Mendelssohn aus gegebenem Anlaß als „mosaischen Kosmos".[28] Möglicherweise spielte er damit auf die Formulierung einer kirchlich orientierten Zeitung an. In mehreren Besprechungen seines *Kosmos* war ihm mangelndes Verständnis für die christlichen Wahrheiten vorgeworfen worden. Und auch hier war die ganze Behandlung der hebräischen Poesie in der Bibel allein auf das Naturgefühl eines alten Volkes ausgerichtet. Durch die Verwendung von Mendelssohns Übersetzung wies Humboldt nicht nur auf den physischen Fortbestand dieses Volkes hin, sondern räumte ihm auch in der Gegenwart noch das Recht ein, als Interpret des einst von ihm hervorgebrachten Schrifttums aufzutreten.

Ungewöhnlicher noch war Humboldts Eingehen auf nachbiblische jüdische Kulturgeschichte.[29] So erwähnt er die Hymnen des spanischen Synagogendichters Salomo ben Juda ibn Gabriol (1020-1057) und Naturschilderungen des Moses ben Jakob ibn Esra (um 1100). Ihm ist der Anteil spanischer Juden an der Überlieferung des Aristoteles ebenso bekannt wie ihr Einfluß auf die Bildung von Christoph Columbus. Er nennt die astronomischen Leistungen des Isaac ibn Sid aus Toledo (2. Hälfte des 13. Jahrhunderts) und die Verdienste spanischer Juden aus Cordova um die Gründung der medizinischen Schule in Montpellier im 12. Jahrhundert.

Es lassen sich in diesem Wissen deutliche Spuren seiner Berührung mit führenden Vertretern der entstehenden Wissenschaft des Judentums finden. Das Hauptwerk des Berliner Rabbiners Michael Sachs, *Die religiöse Poesie der Juden in Spanien,* war 1845 erschienen und Humboldt zur Zeit seiner Arbeit am Manuskript von *Kosmos* – Band 2 – vom Autor überreicht worden.[30] Humboldts Bereitschaft, die Ergebnisse dieser Forschungen in den Bestand seines Wissens aufzunehmen und ihre Bedeutung offen anzuerkennen, hat ihre Spuren hinterlassen. Die Aufmerksamkeit durch ein Zitat, die Freundlichkeit im Gespräch oder die Förderung durch Empfehlung, all das wurde in der jüdischen Welt aufmerksam registriert und dankbar zur Kenntnis genommen. Im Frühjahr 1846 berichtete z. B. Rabbiner Mannheimer aus Wien an seinen Kollegen Leopold Löw in Szegedin, daß er die besten Nachrichten über Sachs aus Berlin habe: Humboldt interessiere sich persönlich für Sachs und habe sein Buch dem König überreicht.[31] Diese Äußerung deutet an, wie Humboldts Schritte und Gesten, auch wenn er sie selten in aller Öffentlichkeit tat, schnell bekannt wurden und ihre Wirkung taten.

4. Kulturgeschichtliche Religionsbewertung

Humboldt war ein vorsichtiger und auch ein vornehmer Mensch. Er scheute sich, die Gefühle anderer Menschen zu verletzen, und so ist es nicht leicht zu entscheiden, ob und wiefern Humboldt Atheist war oder ob es in seinem Herzen oder Werk doch noch einen verborgenen Platz für Gott gab. Diese nach außen in der Schwebe gehaltene Frage trug ihm schon zu Lebzeiten von übelmeinenden Frömmlern den Vorwurf des Atheismus ein, ermöglichte aber gleichzeitig wohlmeinenden religiös orientierten Bewunderern, ihn auch im religiösen Leben zu akzeptieren.

Bei der Betrachtung von Humboldts Äußerungen über Christentum, Islam und Judentum fällt nun eine in allen drei Religionen vorgenommene Unterscheidung auf. Immer stellt Humboldt einen ursprünglich

milden und wohltätigen Charakter im religiösen Empfinden des Volkes
einem durch dogmatischen Zwist in der Entfaltung der Machtstrukturen
entstehenden despotischen und hemmenden Charakter gegenüber. Ver-
anlaßte z. B. die christliche Richtung des Gemüts, aus der Schönheit der
Natur die Größe des Schöpfers zu beweisen, einen Hang zur Naturbeschreibung in der frühen Zeit der griechischen Kirchenväter, so wurde
im zwölften Jahrhundert schon den Mönchen das Lesen physikalischer
Schriften untersagt. Die Verbreitung des Christentums unter germani-
sche und keltische Stämme, die in ihren Kulten die erhaltenden und zer-
störenden Mächte der Natur verehrten, hatte zu einer Verdächtigung jeder Art von Beschäftigung mit der Natur geführt.[32] Eine ähnliche Beobachtung wie hier in Hinblick auf die Haltung zur Natur, wo eine ursprünglich angelegte Tendenz zur Weitung des Horizonts infolge reli-
giöser Auseinandersetzung in besonders starre Abschließung umschlägt,
bringt Humboldt auch bei der Behandlung des christlichen Einflusses
auf das Zusammenleben der Menschengruppen und Völker zum Ausdruck.

Während dem religiösen Denken und Fühlen wohltätige Wirkungen
zuerkannt werden, ist dem kirchlichen Machtapparat gegenüber eine
starke Ablehnung zu spüren. Dieses Schema wiederholt sich auch bei
der Beurteilung anderer Religionen. Über die „dem Islam scheinbar in-
newohnende geistbedrückende Kraft" kann man im *Kosmos* lesen:

„Religiöse Verfolgung war hier wie überall (auch unter christlichen
Völkern) mehr Wirkung eines schrankenlosen dogmatisierenden Despotismus als Wirkung der ursprünglichen Glaubenslehre, der religiösen Anschauung der Nation."[33]

Beim Judentum geht es nun weniger um die Wirkungen eines schrankenlosen Despotismus als um das Problem der geistigen Freiheit. A. v.
Humboldt kannte oder ahnte zumindest die starken traditionellen Vorbe-
halte gegen die Inhalte moderner europäischer Bildung. Er wußte von
den Bestrebungen der jüdischen Aufklärungsbewegung, sich von den
Verpflichtungen gegenüber dem Talmud loszumachen. Sein Takt und
sein Feingefühl haben ihn von öffentlichen Äußerungen zurückgehalten.
Im *Kosmos* findet sich keine Bemerkung gegen rabbinische Bildungs-
vorstellungen, die doch leicht hätte Platz finden können. Eine Andeu-
tung seiner Einstellung gibt er aber in einem Brief, den er 1846 schrieb,

also zur Zeit seiner Arbeit an dem kulturgeschichtlichen zweiten Band des *Kosmos*.

Der Königsberger jüdische Religionslehrer, Prediger und Orientalist Joseph Levin Saalschütz (1801-1863) hatte Humboldt den ersten Band seines Werkes *Das Mosaische Recht, mit Berücksichtigung des späten Jüdischen* (Berlin 1846) geschickt. Humboldt knüpft in seinem Antwortbrief an das Kapitel über die Propheten an, in dem er wohl etwas geblättert haben mag:

„Doch hat mir Ihr Kapitel über die Propheten ... schon überaus gefallen, weil Sie die Prophetenschulen und deren Einfluß auf eine freie Volksbildung, die von keinem Kastengeist gehemmt war, trefflich entwickelt haben. Es liegt etwas sehr Großes in dem Grundsatz, daß jeder auftreten konnte, um zu lehren. Es ist mir immer, als drohe die neue Juden-Reform, so viel Vernünftiges, Antitalmudisches sie auch sonst hat, durch Nachahmung unserer beengten evangelischen Priester-Hierarchie, den Urkern geistiger Freiheit, der in der ersten mosaischen Gesetzgebung wurzelt, mutwillig zu zerstören."[34]

Also wieder die Gegenüberstellung eines wohltätigen Ursprungs und einer späteren Verfinsterung, welche hier freilich nur als Gegenstand einer Reform zur Sprache kommt, bei der ihrerseits Bedenken geltend gemacht werden, weil sie das eigene Übel nur durch ein fremdes zu ersetzen scheint.

Humboldts Urteil über die jüdische Religion unterscheidet sich im Grunde nicht von dem über andere Religionen, er spricht es nur weniger öffentlich aus. Sein eigentliches Interesse ist nicht auf religiöse Inhalte gerichtet, sondern auf deren kulturgeschichtliche Wirkung. Ihn interessiert nicht, ob und wie sich Gott in der Schönheit der Natur äußert, sondern er beobachtet, wie diese Idee zur Belebung der Naturbetrachtung beigetragen hat. Er hat keinen Sinn für die versöhnende Wirkung von Opferhandlungen, möchte aber herausfinden, woher König Salomo die kostbaren Materialien für den Bau des Tempels in Jerusalem geholt hat.[35] Der Wert eines alle sieben Tage wiederkehrenden Ruhetages bleibt ihm zweifelhaft, in die Geheimnisse der Benennung bzw. Nichtbenennung der Wochentage im Hebräischen möchte er jedoch eindringen.[36] Es gibt durchaus ein Fragen nach Inhalten und Zusammenhängen der jüdischen Geschichte und Kultur, das von ihm selbst ausging, er fragt aber nur nach dem kulturgeschichtlichen Aspekt einer Sache, nie nach dem religiösen. Ihn interessiert die Religion da, wo sie sich zur allgemeinen Kultur hin öffnet. Wo sie aber auf ihrer Ausschließlichkeit besteht und sich der allgemeinen Kultur gegenüber verschließt, bzw. diese sogar auszuschalten versucht, wird sie ihm fremd.

Nach allem Gesagten ist deutlich, daß Humboldt nicht mit der religiösen Vorstellungswelt des Talmud sympathisierte und innerjüdische Abschließungstendenzen ihn befremdeten. Trotzdem trat er nie mit irgendwelchen Forderungen auf, wie etwa sein Bruder, der 1809 als Zielstellungen seiner Judenpolitik die Vermischung der Juden und die „Zertrümmerung ihrer kirchlichen Form" formulierte.[37] Bei Alexander von Humboldt finden sich lediglich Geschmacksurteile, den israelitischen Kastengeist findet er abstoßend oder eine antitalmudische Reform vernünftig. Da er nun aber in diesen Urteilen mit Wilhelm von Humboldt übereinstimmt und auch im *Kosmos* bei den prinzipiellen Äußerungen über die Einheit des Menschengeschlechts sich eng an die Gedankenwelt seines Bruders anschließt, stellt sich die Frage, ob in dieser Hinsicht zwischen Alexander und Wilhelm von Humboldt ein grundsätzlicher oder nur ein gradueller Unterschied besteht.

5. Salon und Protektion

Die Frage nach den Unterschieden und Gemeinsamkeiten in dem Verhältnis von Alexander und Wilhelm von Humboldt zu Juden und Judentum ist um so mehr berechtigt, als es sich nicht nur um geistig sich nahestehende Persönlichkeiten, sondern um Brüder handelt, die ihre ersten prägenden Bildungserlebnisse in der gleichen gesellschaftlichen und geistigen Umgebung erfahren haben. Die entscheidenden Lehrer der Brüder Humboldt gehörten sämtlich dem Kreis der Berliner Aufklärung an, welcher auf das engste mit jüdischen Häusern verbunden war. Wenn in der Literatur immer wieder Moses Mendelssohn als einer, mitunter sogar als der eigentliche Lehrer der beiden Humboldt genannt wird, so steht die geistige Situation damit wohl nicht in Widerspruch, die biographischen Tatsachen scheinen dem jedoch nicht direkt zu entsprechen. An Alexander Mendelssohn schrieb Humboldt in hohem Alter, daß dessen berühmter Großvater „durch Ratschläge über die Erziehung wesentlich" zu seiner und seines Bruders Ausbildung beigetragen habe.[38] An anderer Stelle sprach er davon, daß Moses Mendelssohn auf die Erziehung „Einfluß ausgeübt" habe.[39] Eine unmittelbare Teilnahme an Mendelssohns Lesung der *Morgenstunden,* wie sie von Meyer Kayserling behauptet wurde,[40] hätte Humboldt anläßlich solcher Erinnerungen sicher direkt zur Sprache gebracht. Ist die Teilnahme an den *Morgenstunden* zumindest umstritten, so kann es über den indirekten Einfluß Mendelssohns keinen Zweifel geben.

Einige der Lehrer, von denen man sicher weiß, daß sie den Brüdern Kollegia lasen, waren Ernst Gottfried Fischer (Mathematik und Alte Sprachen), Christian Wilhelm Dohm (Nationalökonomie), Ernst Ferdinand Klein (Naturrecht) und Johann Jakob Engel (Philosophie). Fischer unterrichtete die Humboldts zusammen mit Josef und Nathan Mendelssohn, zwei Söhnen des Philosophen.[41] Dohm und Engel verkehrten im Hause Mendelssohn. Dohm ist darüber hinaus als Autor der Schrift *Über die bürgerliche Verbesserung der Juden* (2 Bde., Berlin und Stettin 1781/83) bekannt, die er in engem Kontakt mit Mendelssohn ausarbeitete. Eine solche Beschäftigung und ein solcher Umgang des Lehrers wird sich auf den Unterricht ausgewirkt haben. In seinem amerikanischen Tagebuch gibt Humboldt jedenfalls einen Beweis seiner Bekanntschaft mit dem Inhalt des Werkes: „Was Dohm über die zivile Reform der Juden sagt, kann auf die Indios angewendet werden."[42] Dohm, Klein und Engel treffen wir dann wieder als Teilnehmer einer von Henriette Herz beschriebenen Lesegesellschaft, zu der dann auch die Brüder Humboldt gehörten.[43]

Alexander war damals 16, sein Bruder 18 Jahre alt, sie befanden sich kurz vor der Aufnahme von Universitätsstudien. Der Hausunterricht wurde ihnen gemeinsam erteilt, in den Salon der Henriette Herz traten sie zur gleichen Zeit ein. Die objektive Grundlage ihrer Situation war die gleiche, sie gehörten zu den jungen Edelleuten, die den Versuch machten, der „tödlichen Langeweile" ihrer Kreise zu entkommen. Die von Juden entscheidend mitgetragene Berliner Aufklärung vermochte auf sie eine geistige und gesellschaftliche Anziehung auszuüben. Henriette Herz schrieb darüber später in ihren Erinnerungen:

„Wenn Alexander von Humboldt in jenen Jahren einer gemeinsamen Freundin und mir von dem seiner Familie gehörenden Schlosse Tegel aus schrieb, datierte er den Brief gewöhnlich von Schloß Langeweile. Freilich tat er dies meist nur in solchen Briefen, welche er in hebräischen Schriftzügen schrieb, denn in dieser Schrift hatte ich ihm und seinem Bruder Wilhelm den ersten Unterricht erteilt, den später ein anderer auf sehr erfolgreiche Weise fortsetzte, und sie schrieben sie trefflich. In Briefen, deren Inhalt jedem zugänglich gewesen wäre, kundzugeben, man unterhalte sich besser in Gesellschaft jüdischer Frauenzimmer als auf dem Schlosse der Väter, war damals für einen jungen Edelmann nicht ganz unbedenklich!"[44]

Das Verstecken hinter hebräischen Schriftzügen entsprach wohl mehr einer jugendlichen Neigung als einer notwendigen Vorsicht. Schließlich gehörten die sorgfältig ausgewählten Hauslehrer der gleichen Salon-Gesellschaft an, und die Brüder Humboldt waren ganz offiziell von ihrem Erzieher in das Herzsche Haus eingeführt worden. Es zeigt sich in dieser Geheimnistuerei vielmehr der Genuß des Exotischen als des Verbotenen.

Der formende und bildende Einfluß dieser Jugendbegegnungen war für beide Humboldts nachhaltig. Die für Alexander von Humboldts Verhältnis zu Juden so wichtigen Einstellungen zu Völkern, Rassen und Religionen überhaupt hatten sich nicht als unabhängige theoretische Positionen gebildet, aus denen sich dann auch eine praktische Annäherung an Juden ergeben konnte, vielmehr hat der Prozeß seines geistigen Werdens schon in der engsten gesellschaftlichen Nähe von Juden stattgefunden. Wenn also bisher Humboldts Anschauungen mehr unter dem Gesichtspunkt geistiger Voraussetzungen seines Verhältnisses zu Juden dargestellt wurden, so hat man jetzt eben diese selben Anschauungen auch als Folgen eines solchen Verhältnisses zu betrachten. In dem Maße, wie die gesellschaftliche Nähe sich mit einer geistigen Nähe verband, wurde das Verhältnis ein dauerhaftes und ein inhaltsreiches. Die Gemeinsamkeit der Anschauungen und kulturellen Interessen führte ihn immer wieder in denselben Kreis zurück.

Während für Alexander von Humboldt die Jugenderlebnisse zum Beginn einer Weggemeinschaft mit Juden wurden, waren diese selben Jugenderlebnisse für seinen Bruder Wilhelm mehr der Beginn eines Nachdenkens über Juden. Für Alexander gab es Zeit seines Lebens Formen des Zusammenlebens mit Juden. Er suchte in der Begegnung mit dem anderen das Gemeinsame. Die in der Nähe mehr noch als in einer gesellschaftlichen Entfernung empfundene Spannung zu der neben aller Gemeinsamkeit verbleibenden Fremdheit war für ihn eher anregend. Ein Sinnen nach Ausgleich ist nicht zu erkennen. Für seinen Bruder, den Philosophen und Staatsmann Wilhelm von Humboldt, führte die anfängliche Begegnung auf persönlicher Ebene jedoch zu dem Versuch einer späteren Bewältigung auf der Ebene der Theorie und Politik. Für ihn wurden die Juden, zumindest theoretisch, zum Objekt. Alexander bewahrte sich seine subjektive Beziehung zu ihnen. Wahrscheinlich war Wilhelm in seiner Jugend in engere emotionale Berührung gekommen, erinnert sei nur an sein Liebesverhältnis zu Henriette Herz. Grenzen und Unterschiede, die trotz aller Nähe fortbestanden, mußten ihn stärker erschüttern und seinen Charakter eher nach einer prinzipiellen Lösung suchen lassen. Er wurde zu einem der entschiedensten Vertreter liberaler preußischer Judenpolitik. Die Emanzipation betrachtete er als Instrument zur Assimilation. Eine sofortige Beseitigung aller Einschränkungen und Sonderbehandlungen für Juden sollte zum möglichst schnellen Wegfall ihrer eigenen Absonderungstendenzen führen. Das Zögern der preußischen Judenpolitik, die im allgemeinen die Emanzipation nur schrittweise, nach Maßgabe bereits erfolgter Assimilation gewähren wollte, fand er nur geeignet, das Zusammengehörigkeitsgefühl der Juden noch für lange Zeit zu konservieren.

Sein Bruder Alexander dagegen forderte keine Assimilation von den Juden, er setzte sich lediglich für die Forderungen derer ein, die bereits assimiliert waren. Die Tendenz zur Generalisierung lag nicht in seinem Charakter. Er hatte in seiner Umgebung unter Juden Freunde und Bekannte gefunden und trat dafür ein, daß diese Menschen, die er kennen und schätzen gelernt hatte, in der Gesellschaft nicht auf eine Weise benachteiligt wurden, die allen seinen Vorstellungen von Gerechtigkeit widersprachen. Daß es im Judentum noch andere Tendenzen gab, die ihm weniger sympathisch waren, brauchte ihn nicht zu stören, er fühlte sich nicht bedrängt. Ihm genügte das Positive der vorhandenen Beziehungen, er verlangte nicht danach, die Schwierigkeiten des Fernliegenden auf sich zu nehmen. In dem Bereich, in dem er zu Hause war, in dem er seine konkrete Verantwortung fühlte, hat er sich bewährt. Er wollte nicht als Politiker generelle Lösungen finden, sondern durch die Protektion Einzelner Breschen in die Politik schlagen. Sein Engagement war nicht unpolitisch, er entfaltete es aber vor allem auf der Ebene persönlicher Beziehungen.

Versuchen wir zusammenzufassen. Als junger Aristokrat war er in die Salons jüdischer Frauen gekommen, weil man sich in ihrer Gesellschaft besser unterhielt als auf „Schloß Langeweile". Aus der anfänglichen Neugier wurde eine Lebensgewohnheit, immer wieder finden wir ihn in derselben Umgebung, bei Henriette Herz, Rahel Varnhagen, Amalia Beer, Hinny Mendelssohn, Sara Levy. Es kommen neue Namen hinzu, aber die Situation bleibt. Bei Hofe vertritt er dann die Interessen seiner Freunde und Bekannten aus den Salons. Insbesondere in Berlin unterhielt er wichtige Verbindungen solch führender jüdischer Häuser wie Beer oder Mendelssohn zum preußischen Königshof. Im Umgang mit der Familie Mendelssohn traf er mehr mit Wissenschaftlern zusammen, im Hause Beer stand das musische Interesse mehr im Vordergrund. Unabhängig von seinen eigenen Vorlieben ergab sich in beiden Fällen aus der Qualität des persönlichen Verhältnisses für Humboldt das Bedürfnis und die Pflicht, entsprechend seinen Möglichkeiten zu helfen.

6. Schluß. Ausblick auf die Wirkungen

So sehr Humboldts Eintreten für die Juden sich auf einer persönlichen Ebene entwickelte, hatte es doch eine weit darüber hinausreichende Wirkung. So wird z. B. schon 1832 bei den ersten Schritten, die Humboldt für Meyerbeer tat, in der Fachpresse bemerkt, daß Meyerbeers Wünsche wegen einer bestimmten Rollenbesetzung nur „durch Vermittlung des in Paris anwesenden Hrn. Alexander von Humboldt genehmigt" wurden.[45] Oder während der Diskussion über eine geplante neue Judengesetzgebung 1842 leitet die führende jüdische Zeitung ihren Artikel mit den Worten ein: „Hier ist seit einigen Tagen die Abschrift eines Briefes in Umlauf, den der Bankier Mendelssohn in Königsberg von Alexander v. Humboldt erhalten hat."[46] Wie schnell sich Humboldts aufmerksame Teilnahme am literarischen Schaffen von Michael Sachs in Rabbinerkreisen bis nach Ungarn herumsprach, war bereits erwähnt worden.

Blieb Humboldts Verhältnis zu Juden der Form nach ein persönliches, so erlangte es doch unmittelbar öffentliche Bedeutung und war damit sowohl zu seinen Lebzeiten als auch später zustimmenden und ablehnenden Reaktionen von den verschiedensten Seiten ausgesetzt. Das Spektrum reicht vom antisemitischen Vorwurf, zur „Verjudung" der deutschen Hochschulen beigetragen zu haben,[47] bis zum überschwenglichen jüdischen Jubel, der in Humboldt den „herrlichsten Mann des Zeitalters" meint feiern zu müssen.[48] Daß den Antisemiten Humboldts Verhältnis zu Juden nicht ins Konzept paßte, braucht nicht weiter zu verwundern.

Die zum Teil maßlosen Übertreibungen von jüdischer Seite, besonders in den Jahren nach Humboldts Tod, drücken allerdings mehr aus als nur eine unangemessene Dankbarkeit. Zunächst muß festgestellt werden, daß derartige Äußerungen vor allem von solchen Juden stammen, die Humboldt nur aus einer gewissen Entfernung erlebt haben. Mit Entfernung ist hier sowohl der Abstand auf der gesellschaftlichen Stufenleiter als auch der Mangel an tatsächlichem persönlichem Umgang gemeint. Diesen Juden nun hatte Humboldt ein doppeltes Geschenk bereitet. Er hatte sich ihnen als einer der oberen Zehntausend zugewandt und ihnen geholfen, Eingang in diese bewunderte Gesellschaft zu finden. Und dann verkörperte Humboldt für sie den mit der Entwicklung der Naturwissenschaften erhofften Fortschritt, auf den die Mehrzahl der von der Religion entfremdeten Juden ihre messianischen Hoffnungen projizierten. Humboldt erschien also gleichzeitig als Befreier aus nationaler Erniedrigung und als Erlöser aus den Mühseligkeiten menschlicher Existenz.

Die Zurückweisung der sich aus einer solchen Haltung ergebenden Übertreibungen durch die deutschen Zeitgenossen[49] ist vielleicht ebenso verständlich wie ihre Entstehung im jüdischen Emanzipationskampf. Wirklich attackiert wurde Humboldt wegen seines Engagements für Juden erst von den Ideologen des Antisemitismus, allerdings auch von ihnen nicht frontal. Er bleibt selbst im Dritten Reich der große deutsche Naturforscher. Man kann ihm nunmehr aber nicht mehr verzeihen, daß er den Juden beim Eintritt in deutsche Universitäten geholfen und somit zur Überfremdung der deutschen Kultur beigetragen hat, wie es hieß. Er wurde nicht an den Pranger gestellt, man kritisierte ihn intern, versuchte öffentlich am besten gar nicht von ihm zu reden. Und wenn man von ihm sprach, war er nur der große deutsche Naturforscher, von dessen internationalem Ansehen man profitieren wollte.[50]

Erst nach dem Zweiten Weltkrieg ist ein angemessenes Interesse an Humboldts jüdischen Beziehungen entstanden. Das Bedürfnis nach historischer Besinnung fand auch bei Humboldt seine Nahrung, und insbesondere in den deutsch-israelischen Nachkriegsbeziehungen wurde Humboldt gelegentlich zum Medium einer Annäherung.[51]

Anmerkungen

[1] *Hebräische Bibliographie* 2 (1859) 9, S. 37-39.

[2] *A. v. Humboldt:* Kosmos. Entwurf einer physischen Weltbeschreibung. Bd. 1-5. Stuttgart und Tübingen 1845/62.

[3] Henriette Herz in Erinnerungen, Briefen und Zeugnissen. Hrsg. v. *Rainer Schmitz.* Leipzig und Weimar 1984, S. 28.

[4] siehe z. B.: *Kohut, Adolph:* Alexander von Humboldt und das Judenthum. Leipzig 1871.

[5] Humboldt an D. Friedländer, 11.4.1799. In: Die Jugendbriefe Alexander von Humboldts 1787-1799. Hrsg. u. erläutert v. *I. Jahn* u. *F. G. Lange.* Berlin 1973. Brief Nr. 469, S. 657

[6] *A. v. Humboldt:* Kosmos, a.a.O., Bd. 1, S. 5. Im unmittelbar folgenden Text werden aus diesem Werk noch verschiedene Formulierungen und Sätze zitiert, sie finden sich in Bd. 1, S. 6, 7; Bd. 2, S. 84, 86, 94.

[7] *Kohut:* a.a.O., S. 60.

[8] Humboldt an W. v. Humboldt, Navara, 29.4.1829. In: Briefe Alexanders von Humboldt an seinen Bruder Wilhelm. Hrsg. v. der Familie von Humboldt in Ottmachau. Stuttgart 1880, S. 170.

[9] *Bruhns, Karl:* A. v. Humboldt – eine wissenschaftliche Biographie. Bd. 2. Leipzig 1872, S. 287 f.

[10] Frankfurter Ober-Postamtszeitung, Nr. 157 v. 8. Juni 1842, S. 1354. Zitiert nach: Giacomo Meyerbeer. Briefwechsel und Tagebücher. Bd. 3. Hrsg. v. *Heinz Becker u. Gudrun Becker.* Berlin 1975, S. 733-734.

[11] Humboldt an Altenstein, Paris, 3.1.1832. In: Alexander von Humboldt. Vier Jahrzehnte Wissenschaftsförderung. Briefe an das preußische Kultusministerium 1818-1859. Hrsg. v. *K.-R. Biermann.* Berlin 1985, S. 59.

[12] Humboldt an S. H. Spiker, Warschau, 2.6.1830. Staatsbibliothek Preussischer Kulturbesitz Berlin, Ms.bor.oct.95, Nr.41. Das Zitat lautet im französischen Original: „Comme j'aime avant tout la publicité, je désire que les erreurs de Mr. N[eumann] soyent rectifiées, qu'il soit attaqué comme Sinologue et non comme personnage Sémitique ce qui ne me paraitrait ni juste ni digne du siècle où nous vivons et dont nous osons vanter les lumières."

[13] *A. v. Humboldt:* Kosmos, a.a.O., Bd. 1, S. 378.

[14] Alexander von Humboldt. Lateinamerika am Vorabend der Unabhängigkeitsrevolution. Eine Anthologie von Impressionen und Urteilen, aus seinen Reisetagebüchern zusammengestellt und erläutert durch *Margot Faak.* Berlin 1982. Für das französische Original des Zitates siehe S. 231, für die zitierte deutsche Übersetzung von M. Faak S. 232.

[15] *Théodoridès, Jean:* Humboldt et Gobineau. In: Revue de Littérature Comparée. 36 (1962), S. 443-447. Zitat: S. 443.

[16] Humboldt an Prokesch-Osten, 24.12.1854. In: *Schemann, Ludwig:* Gobineaus Rassenwerk. Aktenstücke und Betrachtungen zur Geschichte und Kritik des Essai sur l'inégalité des races humaines. Stuttgart 1910, S. 115.

[17] Humboldt an Gobineau, Berlin, 24.12.1854. Der französische Text des Briefes findet sich bei *Schemann,* a.a.O., S. 113-115, und bei *Théodoridès,* a.a.O., S. 444-445.

[18] *Grau, Wilhelm:* Wilhelm von Humboldt und das Problem der Juden. Hamburg 1935, S. 145.

[19] *A. v. Humboldt:* Kosmos, a.a.O., Bd. 1, S. 384.

[20] Humboldt an Gobineau, 24.12.1854. *Schemann,* a.a.O., S. 113; *Théodoridès,* a.a.O., S. 444.

[21] *Humboldt, Alexandre de:* Cosmos. Essai d'une description physique du monde. Première Partie. Traduit par H. Faye. Paris 1846, S. 30.

[22] *A. v. Humboldt:* Kosmos, a.a.O., Bd. 1, S. 385.

[23] *Bruhns, Karl:* A. v. Humboldt – eine wissenschaftliche Biographie. Bd. 1., Leipzig 1872, S. 211 ff.

[24] *A. v. Humboldt:* Kosmos, a.a.O., Bd. 2, S. 7.

[25] Ebd., S. 45-49.

[26] Ben Chananja. Monatsschrift für jüdische Theologie. 2 (1859), S. 273-276.

[27] *A. v. Humboldt:* Kosmos, a.a.O., Bd. 2, S. 119, Anm. 70.

[28] Humboldt an Alexander Mendelssohn, 19.11.1853. Staatsbibliothek Preussischer Kulturbesitz, Handschriftenabteilung, Nachlaß Familie Mendelssohn (A. v. Humboldt), Nr. 77.

[29] *A. v. Humboldt:* Kosmos, a. a.O.,., Bd. 2, S. 119, 261, 283, 303, 449.

[30] *Honigmann, Peter:* Judaica in der Bibliothek A. v. Humboldts. In: Marginalien, Heft 86, 1982, S. 16-36, insbes. S. 33.

[31] Ben Chananja: 9 (1866), Nr. 33 v. 15. August, Sp. 602.

[32] *A. v. Humboldt:* Kosmos, a.a.O., Bd. 2, S. 26, 31.

[33] Ebd., S. 241 f.

[34] Humboldt an J. L. Saalschütz, Berlin, 17.9.1846, zitiert nach *Honigmann,* a.a.O., S. 25.

[35] *Humboldt:* Kosmos, a.a.O., Bd. 2, S. 167 f.

[36] *Humboldt:* Kosmos, a.a.O., Bd. 1, S. 428 u. Bd. 3, S. 471.

[37] *Humboldt, Wilhelm von:* Gesammelte Schriften. Hrsg. v. d. Königl. Preuss. Akademie d. Wiss., Bd. 10. Berlin 1903, S. 98.

[38] Humboldt an Alexander Mendelssohn, 5.1.1858. In: *Reissner, H. G.:* A. v. Humboldt im Verkehr mit der Familie Josef Mendelssohn. In: Mendelssohn-Studien Bd. 2, Berlin 1975, S. 141-182. Zitat S. 181 f.

[39] Humboldt an M. Mortara, 12.11.1853. In: *Steinschneider,* a.a.O., S.38 f.

[40] *Kayserling, M.:* Moses Mendelssohn. Sein Leben und Wirken. Leipzig 1888, S. 455. Den Hinweis auf die Unsicherheit von Kayserlings Überlieferung verdanke ich Herrn Fritz G. Lange, Kleinmachnow.

[41] *Beck, Hanno:* Alexander von Humboldt, Bd. 1, Wiesbaden 1959, S. 7.

[42] A. v. Humboldt. Lateinamerika am Vorabend der Unabhängigkeitsrevolution, a.a.O. (s. Anm. 14), S. 232.

[43] Henriette Herz, a.a.O. (s. Anm. 3), S. 48.

[44] Ebd., S. 67.

[45] Allgemeine musikalische Zeitung, 4.April 1832. Zit. nach: Meyerbeer Giacomo. Briefwechsel und Tagebücher.Hrsg. v. *Heinz Becker.* Bd. 2, S. 626.

[46] Vgl. *Honigmann, Peter:* Judaica in der Bibliothek A v. Humboldts, a.a.O. (s. Anm. 30), S. 27 f, S. 36, Anm. 36.

[47] Vgl. z. B. *Kernholt, Otto:* Vom Ghetto zur Macht. Die Geschichte des Aufstiegs der Juden auf deutschem Boden. Leipzig u. Berlin 1921, S. 183, 281. Den Hinweis auf diese Schrift verdanke ich Herrn Prof. Dr. Werner Jochmann von der Forschungsstelle für die Geschichte des Nationalsozialismus in Hamburg. Er macht auch darauf aufmerksam, daß es sich bei dem Namen Otto Kernholt um ein Pseudonym handelt, hinter dem sich Otto Bernhard, der Geschäftsführer des Alldeutschen Verbandes, verbirgt.

[48] *Bernstein, Aron:* A. v. Humboldt und der Geist zweier Jahrhunderte. Sammlung gemeinverständlicher wissenschaftlicher Vorträge, hrsg. v. *R. Virchow u. Fr. v. Holtzendorff.* IV. Serie, Heft 89, 48 Seiten, Berlin 1869, S. 47.

[49] Siehe z. B. *Dove, Alfred:* Humboldt als Judengenoß. In: Im neuen Reich. 1, 1 (1871), S. 377-381.

[50] Ich beziehe mich im wesentlichen auf eine briefliche Mitteilung von Prof. Jochmann vom 14.1.1985, in der er mir freundlicherweise auf Grund seiner reichen Erfahrungen die Situation erläuterte.

[51] So hielt der Mitarbeiter der Alexander von Humboldt-Stiftung, Dr. Berberich, 1983 in Haifa eine Rede vor ehemaligen israelischen Humboldt-Stipendiaten, in der allein fünf Manuskriptseiten Humboldts guten Beziehungen zu Juden gewidmet sind.

Nachdruck (leicht gekürzt) aus:
„Bulletin des Leo Baeck Instituts", Jerusalem 1987, S. 3-34.

Über die Autoren

Carmel, Orna:

geboren 1978 auf dem Berg Carmel, Kindergarten in Berlin (Vater Alex Carmel war dort Humboldt-Forschungsstipendiat), später zwei Jahre Humanistisches Gymnasium in Basel, im übrigen in Haifa/Israel aufgewachsen, dort Abitur 1996. Leistet zur Zeit ihren Militärdienst in der Negev-Wüste bei Be'er-Sheva.

Honigmann, Peter:

geboren 1952 in Berlin, Studium der Physik an der Berliner Humboldt-Universität, 1977 Promotion über ein mathematisches Thema der Atomphysik. 1979 bis 1984 wissenschaftlicher Mitarbeiter der Alexander-von-Humboldt-Forschungsstelle an der Akademie der Wissenschaften, Berlin. 1984 Aufnahme von Talmudstudien an der Yechiva des Etudiants de France, Strasbourg. 1987 bis 1989 Untersuchungen über A. v. Humboldts Verhältnis zu den Juden, gefördert durch ein Stipendium der Deutschen Forschungsgemeinschaft. 1988 Buchveröffentlichung über „Die Austritte aus der Jüdischen Gemeinde Berlin 1873-1941". Seit 1991 Leiter des Heidelberger Zentralarchivs zur Erforschung der Geschichte der Juden in Deutschland.

Maaß, Kurt-Jürgen:

geboren 1943 in Elmshorn, Studium der Rechtswissenschaften in Hamburg, Lausanne, Speyer und Strasbourg, Promotion 1970 über die europäische Hochschulpolitik, 1972 bis 1973 Redakteur bei der „Deutschen Universitäts-Zeitung" in Bonn, 1974 bis 1976 Direktor der Ausschüsse für Wirtschaft und Wissenschaft bei der Nordatlantischen Versammlung in Brüssel, 1977 bis 1981 Referent in der Alexander von Humboldt-Stiftung, 1981 bis 1986 Referent, später Persönlicher Referent des Beamteten Staatssekretärs im Bundesministerium für Bildung und Wissenschaft, 1986 bis 1987 Referatsleiter im Wissenschaftsrat in Köln, 1988 bis 1993 Abteilungsleiter, seit 1994 Stellvertretender Generalsekretär der Alexander von Humboldt-Stiftung.

Slonimski, Chaim Selig:

geboren 1810 in Bialystok (Ostpolen) als Sohn armer Eltern mosaischen Glaubens, war Autodidakt, Mathematiker und Astronom, Journalist, Verleger und Erfinder. Er war eng verbunden mit der jüdischen Aufklärung (*Haskala*), die in Deutschland um die Mitte des 18. Jahrhunderts vom Schriftsteller und Philosophen Moses Mendelssohn (1729-1786) eingeleitet wurde. 1835 veröffentlichte Slonimski in Wilna unter dem Titel *Komet (Kochba dischwit)* einen Abriß der Geschichte der Sternkunde von Kepler bis auf seine Zeit unter besonderer Berücksichtigung der Kometenastronomie, insbesondere der Umlaufberechnungen des Halleyschen Kometen. Dieses Buch machte seinen Namen nicht nur unter der jüdischen Bevölkerung bekannt. 1838 ging er nach Warschau; hier wurde er durch den Gelehrten und Erfinder Abraham Stern (1769-1842) gefördert, den Vater seiner zweiten Frau (von der ersten Frau war er geschieden). Sein Interesse für Recheninstrumente wurde vor allem von Abraham Stern geweckt. Im Sommer 1844 reiste Slonimski nach Berlin, im Gepäck ein Empfehlungsschreiben an Alexander von Humboldt von dem Mathematiker Carl Gustav Jakob Jacobi (1804-1851) und dem Astronom und Direktor der Sternwarte in Königsberg, Friedrich Wilhelm Bessel (1784-1846). In der Berliner Akademie führte er seine Rechenmaschine vor. König Friedrich Wilhelm IV. empfing ihn zu einer Privataudienz.

1851 erfand Slonimski ein chemisches Verfahren, Stahlschiffe mit Blei zu panzern. 1853 arbeitete er an der Vervollkommnung der Dampfmaschine; an den technischen Neuerungen erwarb die Firma Borsig die Rechte. 1856 gelang ihm gemeinsam mit dem Forscher Aaron Bernstein (1812-1884) eine Verbesserung auf dem Gebiet der Telegraphie, die es ermöglichte, auf einer Leitung vier Telegramme gleichzeitig durchzugeben. 1858 erschien sein Werk *Alexander von Humboldt. Eine biographische Skizze*. Es fand großes Interesse unter polnischen und russischen Juden; zwei Nachauflagen erschienen in den Jahren 1874 und 1885 in Warschau. Die „dritte verbesserte und vermehrte Auflage" brachte den Titel zusätzlich in kyrillischer Schrift. Ein Exemplar der ersten Auflage erhielt Humboldt vom Verfasser geschenkt. 1862 gründete Slonimski die hebräische Zeitschrift *Hazefirah (Das Morgengrauen)*. Sie wurde nach wenigen Monaten noch im selben Jahr eingestellt, nachdem Slonimski zum Inspektor (Direktor) der Rabbinerschule in Schitomair berufen worden war.

In den folgenden Jahren war Slonimski weiter als Herausgeber tätig. Er starb am 15. Mai 1904 in Warschau.

Ein Aufsatz über „Chaim Selig Slonimski und Alexander von Humboldt" erschien in „Natur, Mathematik und Geschichte: Beiträge zur Alexander von Humboldt-Forschung und zur Mathematikhistographie", Acta historica Leopoldina Nr. 27, Halle 1997.

Literaturverzeichnis

A. Literatur zu Alexander von Humboldt

1. Quellen

BECK, HANNO (HG.): Gespräche Alexander von Humboldt. Berlin 1959.

BIERMANN, KURT-R. (HG.): Alexander von Humboldt. Aus meinem Leben. Autobiographische Bekenntnisse, München 1987.

BIERMANN, KURT-R. (HG.): Alexander von Humboldt. Vier Jahrzehnte Wissenschaftsförderung. Briefe an das preußische Kultusministerium 1818-1859 – Beiträge zur Alexander-von-Humboldt-Forschung, Bd. 14, Berlin 1985.

GEIGER, LUDWIG: Briefe Alexander von Humboldts an Dr. Robert Remak 1839 bis 1855, in: Jahrbuch für jüdische Geschichte und Literatur 1916, Bd. 19, S. 112-134.

GILBERT, FELIX: Bankiers, Künstler und Gelehrte. Unveröffentlichte Briefe der Familie Mendelssohn aus dem 19. Jahrhundert – Schriftenreihe wissenschaftlicher Abhandlungen des Leo Baeck Instituts 31, Tübingen 1975.

HUMBOLDT, ALEXANDER VON: Briefe an Varnhagen von Ense aus den Jahren 1827 bis 1858. Nebst Aufzeichnungen aus Varnhagen's Tagebüchern, und Briefen von Varnhagen und Anderen an Humboldt, Leipzig 1860.

KLEIN, HANS-GÜNTER: „Hunde waren nicht gegenwärtig". Wie sich Alexander von Humboldt für einen Enkel Moses Mendelssohns einsetzte, in: Mitteilungen der Staatsbibliothek zu Berlin. Preußischer Kulturbesitz, Nr. 3, Berlin 1993, S. 145-151.

REISSNER, HANNS G.: Alexander von Humboldt im Verkehr mit der Familie Josef Mendelssohn, in: Mendelssohn Studien. Beiträge zur neueren deutschen Kultur- und Wirtschaftsgeschichte, Bd. 2, Berlin 1975, S. 141-182.

STOLZENBERG, INGEBORG: Georg Benjamin Mendelssohn im Spiegel seiner Korrespondenz. Mit unveröffentlichten Briefen von Alexander von Humboldt, Ernst Moritz Arndt und Clemens Theodor Perthes, in: Mendelssohn Studien, Bd. 3, Berlin 1979, S. 81-179.

2. Darstellungen

BECK, HANNO: Alexander von Humboldt. 2 Bde., Wiesbaden 1959 und 1961.

BECKER, HEINZ: Die Beer'sche Villa im Tiergarten. Porträt eines Berliner Wohnhauses, in: Berlin in Geschichte und Gegenwart. Jahrbuch des Landesarchivs Berlin 1989, S. 61-86.

BIERMANN, KURT-R.: Alexander von Humboldt – Biographien hervorragender Naturwissenschaftler, Techniker und Mediziner, Bd. 47, Leipzig 1980 und 1990, 4. durchgesehene Auflage.

BIERMANN, KURT-R.: Beglückende Ermunterung durch die akademische Gemeinschaft. Alexander von Humboldt als Mitglied der Berliner Akademie der Wissenschaften – Beiträge zur Alexander-von-Humboldt-Forschung. Schriftenreihe der Alexander-von-Humboldt-Forschungsstelle in Berlin, Nr. 17, Berlin 1992.

BIERMANN, KURT-R.: „Ja, man muß sich an die Jugend halten!". Alexander von Humboldt als Förderer der forschenden Jugend, Schernfeld 1992.

BOTTING, DOUGLAS: Alexander von Humboldt. Biographie eines großen Forschungsreisenden, München 1976, 2. Auflage.

DOVE, ALFRED: Humboldt als Judengenoß, in: Im neuen Reich. Wochenschrift für das Leben des deutschen Volkes in Staat, Wissenschaft und Kunst, hrsg. von Alfred Dove, Leipzig, erster Jahrgang 1871, Bd. 1 (Januar bis Juni), S. 377-381.

ENGELMANN, GERHARD: Alexander von Humboldt in Potsdam. Zur 200. Wiederkehr seines Geburtstages – Veröffentlichungen des Bezirksheimatmuseums Potsdam, Heft 19, Potsdam 1969.

HAHLBROCK, P. (HG.): Alexander von Humboldt und seine Welt (1769-1859). Ausstellungskatalog des Ibero-Amerikanischen Instituts Preußischer Kulturbesitz, Berlin 1969.

HEIN, WOLFGANG-HAGEN (HG.): Alexander von Humboldt. Leben und Werk, Frankfurt am Main 1985.

HONIGMANN, PETER: Alexander von Humboldts Verhältnis zu Juden, in: Bulletin des Leo Baeck Instituts 1987, S. 3-34.

HONIGMANN, PETER: An der Grenze zwischen anthropologischem Interesse und Rassismus: Alexander von Humboldts Auseinandersetzung mit Joseph Arthur Comte de Gobineau, in: Die Natur des Menschen. Probleme der physischen Anthropologie und Rassenkunde (1750-1850) – Soemmerring-Forschungen der Akademie der Wissenschaften und der Literatur Mainz (Sonderdruck), Stuttgart / New York 1990.

HONIGMANN, PETER: Der Einfluß von Moses Mendelssohn auf die Erziehung der Brüder Humboldt, in: Mendelssohn Studien. Beiträge zur neueren deutschen Kultur- und Wirtschaftsgeschichte, Bd. 7, Berlin 1991, S. 39-76

HONIGMANN, PETER: Die Judenpolitik Friedrich Wilhelm IV. im Urteil Alexander von Humboldts (Vorabdruck des Verfassers; wird erscheinen in: Konfrontation und Koexistenz. Zur Geschichte des deutschen Judentums, hrsg. Von Renate Heuer und Ralph-Rainer Wuthenow – Reihe Campus Judaica. Der jüdische Beitrag zur deutschen Geistes- und Kulturgeschichte), S. 1-13.

HONIGMANN, PETER: Judaica in der Bibliothek Alexander von Humboldts, in: Marginalien. Zeitschrift für Buchkunst und Bibliographie, hrsg. von der Pirckheimer-Gesellschaft, 86. Heft, 1982, S. 16-36.

HONIGMANN, PETER: Peter Theophil Riess, der erste Jude in der preußischen Akademie der Wissenschaften. Eine Betrachtung über sein Verhältnis zum Judentum, in: Jahrbuch des Instituts für Deutsche Geschichte der Universität Tel Aviv, Band XIV, 1985, S. 181-189.

HONIGMANN, PETER: Über den Unterschied zwischen Alexander und Wilhelm von Humboldt in ihrem Verhältnis zu Juden und Judentum, in: Konfrontation und Koexistenz. Zur Geschichte des deutschen Judentums, hrsg. von Renate Heuer und Ralph-Rainer Wuthenow – Reihe Campus Judaica, Bd. 7, Frankfurt am Main / New York 1996, S. 46-81.

KOHUT, ADOLPH: Alexander von Humboldt und das Judenthum. Ein Beitrag zur Culturgeschichte des neunzehnten Jahrhunderts, Leipzig 1871, 2. Auflage.

MEYER-ABICH, ADOLF: Alexander von Humboldt mit Selbstzeugnissen und Bilddokumenten – rowohlts Monographien, hrsg. von Wolfgang Müller, Hamburg 1992, 11. Auflage.

PFEIFFER, HEINRICH (HG.): Alexander von Humboldt. Werk und Weltgeltung, München 1969.

SCHULTZE, JOACHIM HEINRICH (HG.): Alexander von Humboldt. Studien zu seiner universalen Geisteshaltung. Festschrift zur Alexander-von-Humboldt-Feier, veranstaltet aus Anlaß der 100. Wiederkehr seines Todestages vom Humboldt-Komitee der Bundesrepublik Deutschland, in Berlin am 18. und 19. Mai 1959, Berlin 1959.

B. Literatur zur Geschichte der Juden

1. Quellen

AUSSTELLUNGS-KATALOG des Mendelssohn-Archivs der Staatsbibliothek Preußischer Kulturbesitz Nr. 20 „Die Mendelssohns in Berlin. Eine Familie und ihre Stadt", Berlin 1983.

BECKER, HEINZ und GUDRUN (HG.): Giacomo Meyerbeer. Briefwechsel und Tagebücher, Bde. 1-4, Berlin 1960-1985.

2. Darstellungen

ALTMANN, ALEXANDER: Moses Mendelssohn. A Biographical Study, Alabama 1973.

FISCHER, HORST: Judentum, Staat und Heer in Preußen im frühen 19. Jahrhundert. Zur Geschichte der staatlichen Judenpolitik, Tübingen 1968.

KAYSERLING, M.: Moses Mendelssohn. Sein Leben und seine Werke. Nebst einem Anhang ungedruckter Briefe von und an Moses Mendelssohn – Schriften, hrsg. vom Institut zur Förderung der israelitischen Literatur unter der Leitung von Dr. Ludwig Philippson, Dr. A. M. Goldschmidt, Dr. L. Herzfeld, siebenter Jahrgang: 1861-1862, Leipzig 1862.

RICHARZ, MONIKA: Der Eintritt der Juden in die akademischen Berufe. Jüdische Studenten und Akademiker in Deutschland 1678-1848, Tübingen 1974.

C. Geschichte des Ordens Pour le Mérite

150 Jahre ORDEN POUR LE MÉRITE für Wissenschaften und Künste 1842-1992, hrsg. vom Sekretariat des Ordens Pour le Mérite für Wissenschaft und Künste im Bundesministerium des Innern, Bonn 1992.

Personenverzeichnis

Altenstein, Karl Freiherr von Stein zum (1770-1840), 1817-1840 preußischer Kultusminister – 73

Arago, Dominique-François (1786-1853), französischer Astronom und Physiker; enger Freund Humboldts – 35 f, 39

Aristoteles (384-322 v. Chr.), griechischer Philosoph – 62

Baudin, Thomas-Nicolas (1754-1803), französischer Marineoffizier und Expeditionsleiter – 31 ff

Beer, Amalia, geb. Wulff (1767-1854), Mutter von Wilhelm Beer und Giacomo Meyerbeer – 70

Beer, Wilhelm (1797-1850), Bankier und Amateurastronom in Berlin, Bruder von Giacomo Meyerbeer – 70

Berberich, Thomas, Stellvertretender Generalsekretär der Alexander von Humboldt-Stiftung bis 1993 – 75

Bernhard, Otto, veröffentlichte unter dem Pseudonym Otto Kernholt das Buch: *Vom Ghetto zur Macht. Die Geschichte des Aufstiegs der Juden auf deutschem Boden.* Leipzig u. Berlin 1921 – 75

Bessel, Friedrich Wilhelm (1784-1846), Astronom in Königsberg – 14, 77

Biot, Jean-Baptiste (1774-1862), französischer Physiker und Astronom – 36

Blumenbach, Johann Friedrich (1752-1840), Mediziner und Naturforscher in Göttingen – 16

Börne, Ludwig (eigtl. Loeb Baruch) (1786-1837), Kritiker, Wortführer des *Jungen Deutschlands* – 53

Bonpland, Aimé (1773-1858), französischer Arzt und Botaniker, 1799-1804 Reisebegleiter Humboldts in Amerika, Vorsteher der Kaiserlichen Gärten in Navarre und Malmaison, 1818 Rückkehr nach Südamerika – 19 ff, 25, 28 f, 30-39

Braunschweig, Ferdinand Herzog von (1721-1792), preußischer Generalfeldmarschall, einer der Taufpaten Alexander von Humboldts – 16

Buch, Leopold von (1774-1853), Geologe und Paläontologe, Schüler Werners, Freund Humboldts – 19, 35

Büsch, Johann Georg (1728-1800), Direktor der Handelsakademie in Hamburg, Lehrer Humboldts – 17

Campe, Joachim Heinrich (1746-1818), Pädagoge, Schriftsteller und Verleger, 1775-1776 Erzieher der Brüder Humboldt in Tegel – 17

Columbus, Christoph (1451-1506), Seefahrer aus Genua – 21, 62

Cook, James (1728-1779), englischer Seeoffizier und Forschungsreisender – 16

Crell, Lorenz Friedrich von (1744-1816), Mediziner und Chemiker, Herausgeber der Zeitschriften „Chemische Annalen" und „Archiv der Chemie" – 17

Cuvier, Georges Baron de (1769-1832), französischer Anatom – 35 ff, 39

Dohm, Christian Conrad Wilhelm von (1751-1820), Diplomat und Gelehrter u. a. in Kassel und Berlin – 56, 67 f

Ebeling, Christoph Daniel (1741-1817), Geograph und Kartologe in Hamburg, bedeutender Kenner Nordamerikas, Professor an der Handelsakademie – 17
Ehrenberg, Christian Gottfried (1795-1876), Biologe und Mediziner in Berlin; 1829 Begleiter Humboldts auf der russisch-sibirischen Reise – 40 ff
Eichhorn, Johann Gottfried (1752-1827), Professor für orientalische Sprachen in Jena und Göttingen – 16
Engel, Johann Jakob (1741-1802), Professor der Philosophie in Berlin – 67 f
Esra, Moses ben Jakob ibn (um 1100), Dichter; vgl. Alexander von Humboldt: Kosmos, Bd. 2, Stuttgart und Tübingen 1847, S. 119 – 62

Fichte, Johann Gottlieb (1762-1814), Philosoph in Jena und Berlin – 18
Fischer, Ernst Gottfried (1754-1831), Professor der Mathematik und Physik in Berlin – 67
Forell, Philipp Baron von (1758-1808), 1791 sächsicher Gesandter in Madrid – 20
Forster, Georg (1754-1794), Naturwissenschaftler und Forschungsreisender, Jugendfreund Humboldts – 16 f

Freiesleben, Johann Carl (1774-1846), Geologe und Bergbeamter, Freund und Lehrer Humboldts – 18
Friedländer, David (1750-1834), Kaufmann und Fabrikant in Berlin – 50, 73
Friedrich II, der Große (1712-1786), 1740-1786 König von Preußen – 16
Friedrich Wilhelm III. (1770-1840), 1797-1840 König von Preußen – 35, 43
Friedrich Wilhelm IV. (1795-1861), 1840-1858 König von Preußen – 43, 51, 54, 77

Gabriol, Salomo ben Juda ibn (1020-1057), spanischer Synagogendichter; vgl. Alexander von Humboldt: Kosmos, Bd. 2, Stuttgart und Tübingen 1847, S. 119 – 62
Galvani, Luigi (1737-1798), Mediziner und Naturforscher in Bologna – 18, 28
Gay-Lussac, Joseph-Louis (1778-1850), französischer Physiker und Chemiker, enger Freund Humboldts – 19, 35 f, 39
Gens, Grigori Fjodorowitsch, Generalmajor in Orenburg – 41
Gobineau, Joseph-Arthur Comte de (1816-1882), französischer Diplomat, Reisender und Orientalist – 56 ff, 73 f
Goethe, Johann Wolfgang (von) (1749-1832), Dichter und Naturforscher – 16, 18 f
Grau, Wilhelm, Verfasser einer Habilitationsschrift zu Thema: *Wilhelm von Humboldt und das Problem der Juden,* Hamburg 1935 – 58, 74

und Bergbaukunde an der Bergakademie in Freiberg, Sachsen, Lehrer Humboldts – 17

Woltmann, Karl Ludwig von (1770-1817), Historiker in Jena, Berlin und Prag – 18